ONE MAN'S LONG MARCH

图书在版编目（CIP）数据

一个人的长征 / 左力著 . -- 上海：文汇出版社，
2015.8
　ISBN 978-7-5496-1507-0

　Ⅰ.①一… Ⅱ.①左… Ⅲ.①纪实文学－中国－当代
Ⅳ.① I25
中国版本图书馆 CIP 数据核字 (2015) 第 188403 号

一个人的长征

著　　者	左　力
责任编辑	闻　之
策划传播	深圳市左氏文化传播有限公司
装帧设计	深圳市张达利设计有限公司
出版发行	文汇出版社
	上海市威海路 755 号
	（邮政编码 200041）
印刷装订	深圳市生隆达印刷有限公司
版　　次	2015 年 8 月第 1 版
印　　次	2022 年 8 月第 6 次印刷
开　　本	787×1092　1/16
印　　张	18.5
字　　数	180千

ISBN 978-7-5496-1507-0
定　　价　　68.00 元

ONE MAN'S LONG MARCH

一个人的长征

左力 著

文汇出版社

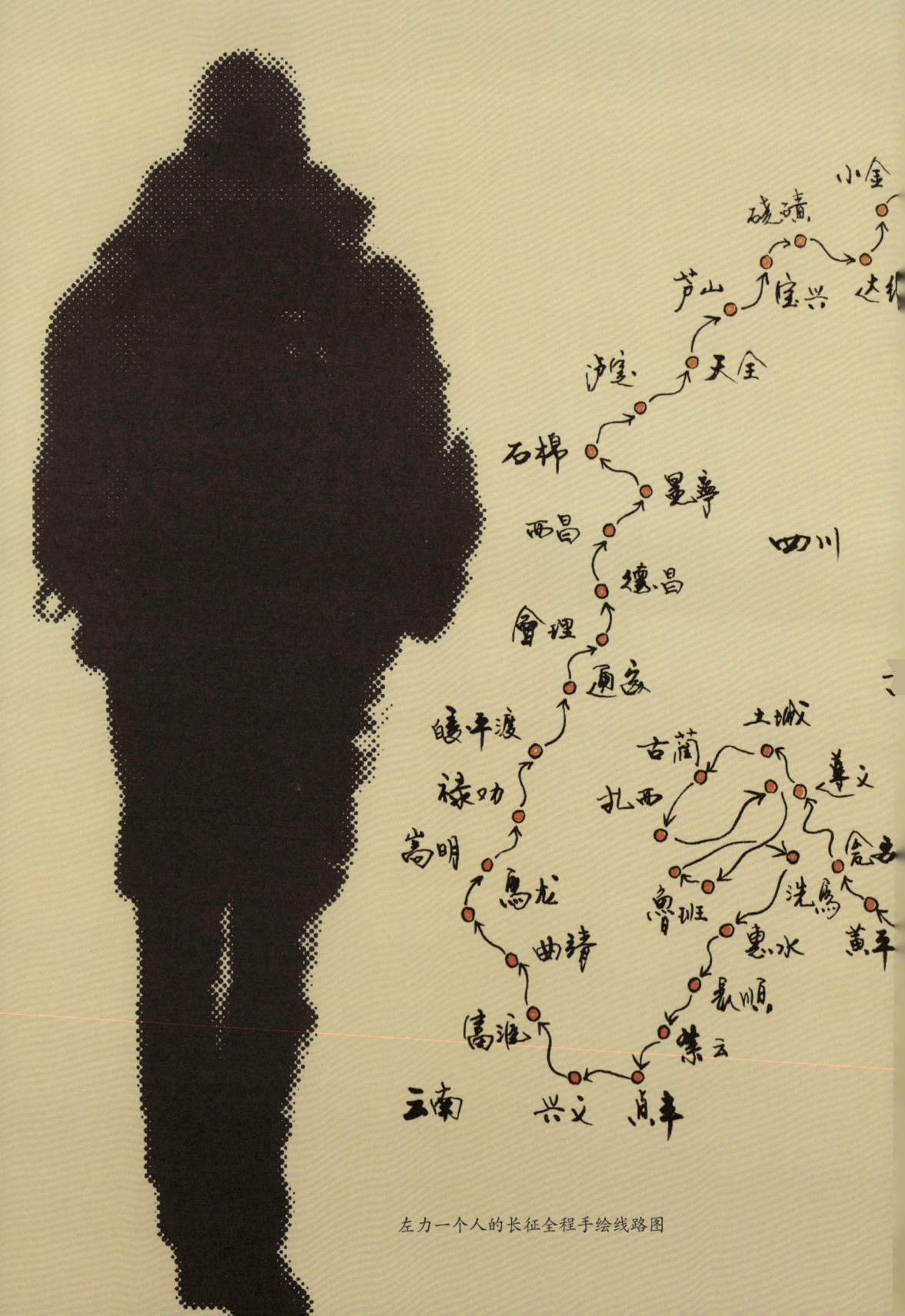

左力一个人的长征全程手绘线路图

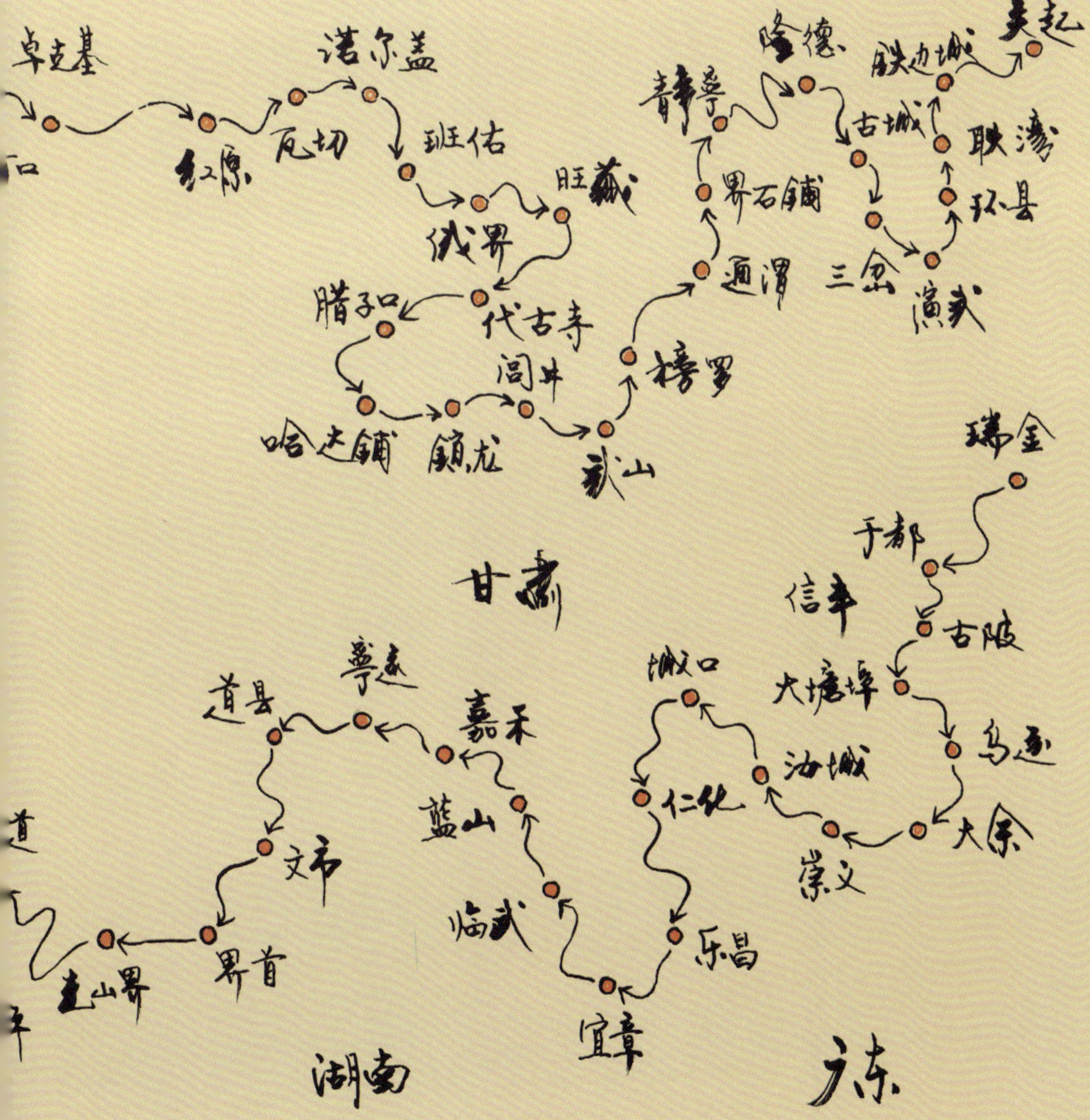

卓克基
红原
瓦切
诺尔盖
班佑
俄界
旺藏
代古寺
腊子口
哈达铺
鹿龙
闾井
武山
榜罗
通渭
界石铺
静宁
隆德
古城
三岔
演武
环县
耿湾
铁边城
吴起
甘肃
瑞金
于都
信丰
古陂
大塘埠
乌迳
大余
崇义
汝城
城口
仁化
乐昌
宜章
临武
蓝山
嘉禾
宁远
道县
文市
界首
老山界
湖南
广东

一个人的长征
2015.01.18
左力
中国·深圳

从瑞金到陕北

江西瑞金

今天是2013年10月8日，终于准点儿赶到了江西瑞金。

1934年的10月9日夜晚，中央红军的领导机关，以及中革军委所在的中央纵队、军委纵队从这里踏上了长征之路。而我，也将从10月10日开始，用374天的时间，徒步穿行江西、广东、湖南、广西、贵州、云南、四川、甘肃、宁夏和陕西10个省区，预计将在明年（2014年）的10月19日到达陕北吴起镇。

谨以此，向80年前那群用脚步丈量信仰的徒步英雄们致敬！

广东乐昌

2013年12月27日从汝城一路向南，经过城口和仁化，再往西北走50多公里就到达广东的乐昌了。

参军入伍，曾是梦想，但终未能够如愿，只好以各种方式将自己同化成一名士兵。重走长征，让我真切地贴近了他们，让我假想能和他们一样：血脉贲张，尘埃飞扬；纵有雄关漫道，峡谷大江，我自浪花飞舞，群山回唱。

湖南宜章

2014年1月1日，到达湘南名城宜章。

这一段路就是一个绕：平路绕，山路绕，三省交界的地方更是绕！前天还在江西，昨天就进了湖南，今天踩着广东，明天又绕回了江西……可以想见当年红军是怎样在这些边界线上跟各地军阀推推搡搡向前突进的。

广西兴安

2014 年 1 月 13 日,到达广西兴安界首镇。

这里是著名的"湘江血战"古战场,中央红军由出发时的八万六千人锐减到三万四千人,近五万名士兵浮尸江面,当地百姓曾经传唱过这样的歌谣:三年不喝湘江水,十年不吃湘江鱼。

"湘江血战"是中国人民解放军建军史上牺牲最为惨烈的一次战役,它印证了:长征是一个绝地反击,起死回生的过程。

贵州鲁班

2014年4月18日，到达仁怀鲁班。

从广西兴安经过湖南通道，再由贵州黎平，剑河，镇远，施秉，黄平，瓮安，遵义一路走到鲁班。从这里开始，就正式进入四渡赤水的古战场了，多少次在地图和沙盘上的来回推演，多少次和超级军迷争辩得面红耳赤，但这次不是在做梦呀，是真的可以在这经典的战场上走一回啦。

是因为这一季冷暖的风景？还是因为那群向死而生的人？

云南禄劝

2014年7月20日，云南寻甸和禄劝之间的山路，就像一幅重叠画，走着走着就会生出一种错觉：所有的景观都似曾相识，会不会又绕回到原路上了？

在荒山僻野里，发现一条小路就让你欣喜若狂，没得选。
在饥肠辘辘时，遇见一家餐馆就让你心花怒放，没得选。
在精疲力尽后，坚定一个方向就让你重振旗鼓，没得选。

没得选，也是一种快乐。

四川达维

2014年9月4日,正式翻越夹金山。或许是因为地球变暖,或许是因为老天格外开恩:今天的大雪山上已经看不到雪了,只有绿茸茸的牧草充满了视野。

徒步长征路,是在向山水化缘,而一草一木所能给你的领悟全在一呼一吸之间。

路上没有半点感受是虚假或暧昧的:渴了就是渴了,饿了就是饿了,累了就是累了。生活的本质就是生存,感受生存的简单和艰难,体验生存的喜悦和忧伤。

天方,因为简单而心思悠远,地廓,因为善良而大道平坦。

甘肃榜罗

2014年10月1日，进入甘肃通渭县境，到达榜罗乡。

一个人的长征之旅将近一年，在这三百多个日子里，我明显体验到了两种"怕"的感觉。

刚出发时，是对未知的怕：怕没经验，怕吃不消，怕走不到，怕遭遇不测；可是现在呢，随着终点一步一步地接近，又有另一种怕弥漫心头：怕结束，怕终点，怕到达后突然降临的不知所措和戚戚茫然。

2014年10月7日，到达宁夏隆德，并翻越了长征最后的高山：六盘山。

至此，左力一个人的长征经过了十二大天险关口：九峰关，城口关，湘江关，老山界关，乌江关，娄山关，金沙江关，大渡河关，夹金山关，班佑关，腊子口关，六盘山关。

当年红军在长征中还突破了十二大"天王"，他们是：蒋介石，薛岳，陈济棠，何键，白崇禧，王家烈，龙云，刘湘，刘文辉，胡宗南，张学良，马步芳。

八十年过去了，走在这条路上，仍有着"天高云淡，望断南飞雁"的感觉。

陕西环县

2014年10月13日，从合道乡经过腾旗村，到达环县的杨旗路口。

特别喜欢这里的地名儿：念出口来总有一股气冲霄汉嘎嘎的劲儿。

八百里秦川近在咫尺，满耳的秦腔随风乱吼。

也难怪一代代的艺术浪人层出不穷，这里从烟袋锅里腾起的青烟都是云蒸雾霭。

陕北吴起

2014年10月19日，到达终点站——陕北吴起镇。

我们千里迢迢来到这里，就为那亲人般的惦念与牵挂，就为那旅途遥远的艰辛与欢乐，就为那理想碰撞的酣畅与欢乐。无论是60岁还是16岁，每个人都会被未来所深深吸引，都会对人生旅途中的痛苦和欢乐，怀着孩子般无穷无尽的渴望。

康延大哥说得好：当我们缅怀，就有了向往；当我们雄壮，就少了忧伤。

信由大地，力所能及

从 2013 年 10 月 10 日开始，到 2014 年 10 月 19 日结束，完成了一个人的长征。这其中包括了：江西，广东，湖南，广西，贵州，云南，四川，甘肃，宁夏，陕西十个省份。

历时 374 天，行程一万两千一百多公里。

回望这三百多个日日夜夜，我在日记本中写下了一首小诗：

今天就出发吧，

趁世界还不拥挤，

趁脚下还有记忆。

趁月老还能相惜，

趁过往还在梦里。

CONTENTS
目录

1 左力为什么要去重新寻找红军
001—009

2 双脚一思考，大地就发笑
010—029

3 今天就出发吧
030—039

4 一个人的长征日记
040—247

5 长征古战场三十个秘境
248—259

1 左力为什么要去重新寻找红军

曾有无数人问过我这个问题。

说心里话,刚上路的时候,没想过太多的理由,若真能想出千百个理由,恐怕连一步都迈不出去了。

转眼间,一年零九天(374天)就这么"Duang Duang"地走完了,盘点里程:一万二千一百多公里,暗合了出发时我心中"一二一,开步走"的心思。而今,当所有高昂的徒步激情都随着日历渐渐翻篇儿远去的时候,我的心也在黯然地寻找着能够安放结束的角落。

报章杂志上把我长征的动机提升得很是"高大上":

左力重新将长征时尚化,其中一个原因:正是针对现下很多人迷失在物质追求之中的

五角星,并不是中国人发明的,古希腊的艺术家早就对这个独特的形状做过生动的诠释:孔武有力而又充满了智慧。从欧洲中世纪到现在,无数国家的军队都把五角星奉为经典的军人标识。但从来没有一支军队能把红色的五角星给演绎得那么风姿绰约。

也难怪每当人们提到这支军队的时候,必会有鲜活灵动的五角星在眼前闪耀——因为它的名字就叫红军。

反思及实践。在左力看来，红军长征的历史甚至已在红军长征沿线地区被逐步遗忘，人们远离那些伟大的精神价值，是为了贪图在小时代里自顾自地生活；人们沉浸于物质追求之中，就会刻意抹杀甚至贬低历史中的伟大追求，因为这会让人们心安理得接纳物质的欢愉。

当下的中国，重新追寻执政党的优良传统。对长征路上一系列红军精神的重新提及，都在预示主流对诸如腐败、奢靡等反和谐问题进行更深层次的拷问。很显然，富裕之后重寻精神信仰，已是这个时代又一大新的课题。

这些话说得好极了！也说到我的心坎儿里了。

只可惜这不是我当初能够企及的高度。出发时，也确实没能把自己的一次冲动和一个行为的意义看得如此高远。

长征对我而言：是灰色布料上缝贴的一个毛边儿五角星——浩淼之间总有一种飘飘荡荡的不真实感，仿佛是一只飘在水面上的风帆，甚至连倒影都没有，就那么虚无缥缈地存在于我的记忆之中。

最早萌发重走长征路的念头，是始于 1995 年的 8 月份。

那一年刚好是抗日战争胜利 50 周年。因为一个特殊的原因，我在北京一连接触了十几位共和国的开国将军。

这段经历让我现在回想起来，都沉浸在深深的懊悔之中：因为当时，我完全不知道自己面对的是怎样的幸运，只把这次相遇当做了一次常规的采访，完全不知道这些镜头前的老人，在战争年代是一群怎样的铁血汉子，他们所经历的那些惨烈的画面在脑海中又是怎样的翻江倒海。

杨成武　　萧克　　陈锡联　　王平

我更没有意识到：上帝留给这些老人的时间已经不多了，采访后没多久，老人们便接二连三地离开了人世——那些激荡在他们头脑中的铁血故事也跟随着他们的身体一起被埋入了浩瀚的黄沙之中，我们再也无从说起他们在一场一场战役中矫健的身影，到最后，只能一声长叹。

他们是：杨成武，萧克，陈锡联，王平，耿飚，张宗逊，叶飞，熊向晖，吕正操，苏静，孙毅等等。

最难忘的，是跟一位老将军聊起了"湘江血战"。

老人突然讲起了他的铁哥们儿——年仅28岁的陈树湘，率领着红军第34师，在长征队伍中一直担任着后卫任务，在整个大部队被截断之后，只好率领整师返头扑进了敌军的包围圈中，最后全军覆没。陈树湘身负重伤（肚皮被手榴弹炸开），被敌军用担架抬着往长沙送。因为是夜间行走，后面抬担架的士兵突然觉得脚下一滑，旁边人打着火把上前照亮一看，所有在场人都惊得目瞪口呆：陈树湘用手把自己的肠子从肚子里全部拽出，绞肠而死！

老将军讲到这里时，突然哽住了！

只看见他花白的头发在剧烈颤抖，太阳穴上的青筋在勃勃跳动。半晌都没有说出一句

张宗逊　叶飞　吕正操　孙毅

话来，我身边的编导看老爷子半天不说话，便探身上前伸手想去拍拍他让老爷子说话，我一把将他拽了回来：此时无声胜有声啊！

老将军沉吟半晌，这才缓缓地抬起头来，此刻我多想听他讲出更加细节更加生动的故事来。结果，他声音颤抖着，只从牙缝挤出四个字来："很残酷啊！"

那一刻，我突然感受到了一种巨大的无奈和不知所措：我知道那些难以想象的战争画面就在这一代老人的脑海里盘桓着，但是他们无法还原出来！

还有一次，在陈锡联家里，老将军给我讲起了夜袭日本人阳明堡机场的故事，可他故事刚一开头，就有警卫员上前凑到他的耳边大声说："首长，不要说太多啦……注意身体！"结果老人家刚才兴致勃勃举到空中的手就僵在那里了。

警卫员转过身来对我说："老爷子白天说多了，晚上就闹病。"

可就在警卫员跟我们说话这当口儿，我突然看到陈锡联老将军又把手举到空中，继续说了起来。那一瞬间，我从心底里泛出一股酸痛：这一代打江山的老人，是多么想跟后人一起分享他们当年所经历的那些慑人的生死场面，有多少让他们夜不能寐的铁血画面哽在他们的喉咙却无法倾泻而出。

在拍摄大型人文纪录片《发现幸福之旅》时,我发现当年的红军为了躲避蒋介石大军的围追堵截,竟然一不小心把中国最为瑰丽的风光给串连起来了!

2006年3月份,因为拍摄一部大型人文纪录片《发现幸福之旅》,我跟摄制小组走遍了中国的大江南北。在日复一日的行车拍摄途中,我突然发现:当年红军长征的线路,刚好契合了英文中"长"的第一个字母"L"。

这点儿发现让我兴奋莫名。

做了多年的影像工作，对风景风光风情所在的地方，永远是魂牵梦绕地向往。一部纪录片的拍摄，撬动了我内心最深处的渴望。

《发现幸福之旅》指引了我下一站幸福的方向。

2010年的7月，我在一个艺术家的聚会上意外获得了一个故事。

那天，大家在为一位评论家接风，觥筹交错之间，评论家突然问："你们知道中国当代最牛逼的艺术大师是谁吗？"

记得当时人们说出了很多名字，但评论家一直摇头，直到最后他款款地告诉我们说："是一位名叫库尔班的新疆大叔。1957年8月的一个早晨，这大叔突然萌发了一个想法儿：他想骑着小毛驴，一直骑到北京去见毛主席！"

评论家的一番话引来大家一片哄笑，很多人一边往肚里灌着啤酒一边说："太荒唐了……这就好像说'我想去见习大大'一样嘛！"

评论家没笑，他一本正经地说："但是一年后，库尔班大叔真的在北京见到了他想见的人。"评论家说得有点玄乎，我不太相信，上网查了一下，结果还真查到了：

库尔班是新疆和田地区的一个穷牧民，原本是一个孤儿，在旧社会里曾经过着生不如死、饥寒交迫的日子。解放后，因为生活改善而产生了想去北京答谢救星毛泽东的冲动。1957年8月，库尔班大叔带着他自己晒好的葡萄干，自己烤好的馕饼，骑上了小毛驴向着北京的方向走去。当时，沿途的很多村民都觉得库尔班的行为很荒唐，一路嘲笑。但库尔班大叔不为所动，一路向东，逢人便说：只要我这小毛驴不倒下，我就一定能够走到北京！一定能见到毛主席！

日复一日，月复一月，库尔班大叔坚韧的意志力感动了无数人：他骑着毛驴上北京的故事也一传十，十传百，最后传到了新疆维吾尔自治区党委书记王恩茂耳边，王书记毅然决定：让库尔班大叔作为新疆人民的特殊代表，坐飞机上北京去见毛主席！

1958年6月28日,库尔班大叔在北京中南海怀仁堂真的见到了毛主席,并留下了一张无比珍贵的合影照片。

那天晚上,看了网上这段文字,我睡不着觉了:冥冥中感悟到心中久远的长征梦想正在一步一步地向自己走来。

我之所以到今天也没有迈开这一步,就是因为有太多的选择还纠结在种种借口中,我之所以在上路前有那么多的犹豫和胆怯,都是来源于自己给自己制造的封闭的臆想中。如果真的能像库尔班大叔那样义无反顾地一脚踏上说走就走的旅程,目标坚定,一骑绝尘,路上是会发生很多奇迹的,连神都会出来帮你。

2012年3月的一天,我在蛇口港等船,无意在码头边的一间小书店里看到一本装帧非常精美,设计十分现代的小书,书名就叫《红军》。这让我大感诧异,翻开一看:竟然是好朋友师永刚编著的,他曾经编著的《蒋介石画传》和《切·格瓦拉语录》我都很喜欢。看见《红军》,我毫不犹豫,马上买下。在之后一个小时的航行中,我一口气翻了大半本,然后在扉页写下了一段感悟:

长征对于上个世纪的人来说，或许是一个符号；但对于我来讲，却是一种巨大的神秘。我愿用自己力所能及的力量去解读这种神秘，这种解读并不是完全来自于敬仰和好奇，而是来自于我骨髓里早就置入的行走之力量，似乎它在召唤我去践行一个久远的梦想。

2014年将是红军长征出发后的八十周年纪念。

左力兄，该有点动作啦！

这么多的暗示，这么多的契机，如果再不迈脚走出这一步，也许会是今生今世无比后悔的一件事。

2013年10月6日下午，我在日记本里写了一段话，为自己饯行：

曾有一页梦想：背一壶酒，带几本书，沿着书中讲述的故事，说走就走，找到故事发生的地点，白天走路，晚上看书，走到哪儿，读到哪儿。

长征的路数，有各种各样的走法儿。当年长征的红军那是被逼的，没办法，是死里逃生，是绝地反击。作为历史，长征永远不可能重复，如果重复了，必定一次是悲剧，一次是喜剧……

双脚走在路上：跃然出发，唯念到达。

心在回家的梦里：只有远方，没有他乡。

2 双脚一思考，大地就发笑

确定了"一个人的长征"计划后,突然发现了一个严重的缺失:因为长久的漠视和抵触,我并不了解长征这段历史详细的前因后果,甚至不能将我过去支离破碎的长征经验串连起来,只知其然,不知其所以然。

跟身边的朋友交流,他们也仅仅是从一些微信链接或微博转载上获得一些碎片信息:所有的历史事件、历史迹象和历史原因都被拼凑得似是而非。

我需要在出发前恶补这一段丢失的课程——于是,在正式准备出发的那个阶段里,我搜集了几十本有关国共纷争、民国文化以及长征历史的书籍。并全部储存在我那个又老又破的 ipad 上。

未来在路上,能现时就地阅读这些,争取在曾经发生战斗和战役的历史现场迎风感受,坐地抒怀。

一路叩问,长征是什么?

在我的儿时的记忆中,长征的起始被赋予了一个光环,它被描绘成了一条伟大的直线,一种从胜利走向胜利的辉煌。

但这样的解读,始终不能捅开心中难释的郁结,一段如此煎熬的旅程,过雪山也好,吃皮带也罢,那一代人选择了一条如此艰难的道路,究竟锻造了怎样的基因?

随着信息的积累,才慢慢从那段光辉的岁月中触摸到了更加贴近人性的精神脉络。

伟大也有它儿时的幼稚,

伟大也必有它成长的曲线,

伟大是煎熬出来的!

浩瀚远征开始前，那段离奇的传说。

长征的起始曾经浮泛着各种各样说法儿：突围，转移，搬迁……所有词汇都抵不过历史最原本的初发色彩：长征是从一场国家逃难开始的。

以前不愿意承认这一点，是因为我们不够自信。

而今，伟大的内涵被赋予了从弱小到强悍，从失败到胜利的客观曲线，精神的锻造过程才显得那么扎实和鲜活。

恰恰是因为这样一个视角，才让我对那段苦难的时光和落难的人群心生无限的敬意：看先人所经历所跋涉所开创的那条长河里，浮现出三个有着递进和转折意义的关键词：

国家逃难——绝地反击——向死而生！

回看历史，进行一次溯源推演，你会惊诧地发现：许多浩瀚与庞大的历史事件竟起源于几个微小的历史细节——就好像北美洲的一只蝴蝶扇动了一下翅膀，最后引发了印度洋的飓风一样。

在这里，我想分享一个极端的视点：1934年的长征的起源，竟然和1931年新加坡的几个英国警察有着一种特殊的直接关系！

1931年6月，盛夏炎热中，几个穿着短裤的英国警察抓住了一个名叫约瑟夫的欧洲男人，经过审讯才知道，他是当时共产国际的一名信使，他的具体任务是负责向马来西亚共产党人转移经费。

接下来发生的事儿：顺藤摸瓜，一下就摸到了上海！

佐尔格　　　　　　牛兰　　　　　　李德

新加坡是英国的殖民地，而上海又有英国最大的租界。里里外外一家人，英国警察高速有效地在上海抓住了一对儿隐藏更深的地下党夫妇。跟《潜伏》里的余则成和翠萍夫妇不同的是：上海这对儿地下党夫妇是两个外国人，当时被系统内简称为"牛兰夫妇"（Hilaire Noulens），上海人为了叫着顺口，也把他们称作"牛轧糖夫妇"。

"牛轧糖夫妇"在当时上海的地下组织里很重要，他们俩被捕的消息传到了远在莫斯科的共产国际总部。总部人很焦急，于是乎，他们决定委派当时驻扎在上海一等一的大间谍佐尔格负责营救工作。

佐尔格在世界间谍史上可不是一般人：他最辉煌的一笔是"二战"期间，在德军和苏军正打得难解难分胶着状态时，成功地分析出日本人在短时间内不会进攻苏联，并促成了斯大林从远东抽调出大量的兵力全面投入西线战场，使得苏德战争在最关键的时刻得到了生机。

共产国际能派出佐尔格这样的大间谍来营救"牛轧糖夫妇"，可见当时"牛轧糖夫妇"在共产国际的地位何等重要。

王明

博古

周恩来

接下来的问题就是怎么救？佐尔格深谙中国人处事的短板，他认为：当时上海的警察系统和法院系统都极为腐败，拿钱就可以疏通搞定这事儿！

于是，共产国际决定派两个年轻的德国帅哥从莫斯科送钱来上海。

为什么苏联人要用德国人来当信使呢？

因为当时的"二战"德国和日本是轴心国同盟，关系不错。从莫斯科到上海有可能要通过日本军占领区，一旦信使被抓，德日之间比较容易解决问题。

就这么着，一个名叫赫尔曼·西伯勒，另一个叫奥托·布劳恩，两人一前一后都来到了中国。赫尔曼·西伯勒完成任务就马上回国了，而刚刚毕业于苏联伏龙芝军事学院的奥托·布劳恩并没有马上返回，而是留在了上海。接下来，就遇到了另一个关键的人物，他的名字叫秦邦宪，是个年仅24岁的无锡小伙子。

历史在这里打了一个结儿，就那么把几条原本没有关联的线索拴在了一起。

秦邦宪也曾在苏联留学（莫斯科中山大学），学习期间，他给自己起了一个很洋也很中的名字叫"博古"。

于是,博古就成了中共历史上一个特殊的符号。

年仅24岁的博古最近在上海刚刚"被启动"了他人生中最大的转机:当时中国共产党中央的几个巨头人物纷纷被捕,然后是接二连三的叛变,再然后就是蒋介石毫不犹豫的"斩","立决","立决,斩",咔咔地砍掉了一堆人头。这让当时中共领导人王明很受惊吓,思来想去,他决定:还是带着夫人住在莫斯科,远远地躲开比较安全。

走归走,但是在国内的这一大堆业务不能放手,更何况将来保不准儿环境安全了,再回来不还得继续坐在最高领导人这位置上嘛!王明的这些小九九放在今天其实更容易理解:就好比一个集团公司正面临前所未有的危机,董事长决定出去避难,但也不能完全撒手不管,于是,留下一个傀儡一样的小兄弟代为行使职责,最好是亲信,听话,便于遥控的才是第一人选。

秦邦宪(博古)同志就这样昂然地坐在了当时中共临时中央最高领导人的位置上了。

看看,其实一个党也有他初级阶段最幼稚的面孔,我们不能因为这一点而想当然地认为:这是一个失败的开始。

历史就是这样:

真正伟大的成长本身就是一个从幼稚走向成熟的过程,

真正伟大的崛起本身就是一个从失败走向胜利的辉煌。

秦邦宪(博古)掌权了,这位24岁的年轻人慷慨激昂,斗志旺盛。但他的心底里是缺乏底气的，这就好比一间偌大的集团公司交到你手里，但你毫无管理经验，那心里能不慌吗？恰在此时，他在上海遇见了我们刚才说到的那个共产国际送款员奥托·布劳恩。

秦邦宪（博古）和奥托·布劳恩的会面是具有历史意义的：且先不说这俩人一见面的热烈钟情，最关键的是，秦邦宪（博古）真正在心理上为自己的仕途发展找到了一个支点。俗话常说的拉虎皮做大旗就是这个意思，因为在接下来的苏区斗争中，军事能力是最易撼动秦邦宪（博古）政治地位的软肋，而且下一步到苏区将直接面对毛泽东，朱德，陈毅，彭德怀，刘伯承等一大帮军事能人，如果在此时，能拉上一个苏联伏龙芝军事学院毕业的科班生，而且还是外国人，这对于秦邦宪（博古）来说：真可谓是天降及时雨啊！

于是从现在开始，一对新的中西组合领袖散发着怪异的光芒，走进了中国共产党的党史。

秦邦宪正式确定了自己未来奋斗的方向，而奥托·布劳恩也为自己起了一个很中国的名字——李德。

从客观上来说：李德并不是一开始就爬上了共产国际军事顾问这个高位，他甚至最先还再三要求博古能通过共产国际总部帮他明确这个身份。李德之所以能在那么短的时间里树立他绝对的军事权威，这有赖于博古的拱手相让。关于这一点，在后来担任中国人民解放军副总参谋长伍修权的回忆录中有详尽的记载。不管怎么说，在博古和李德到达中央苏区瑞金之前，毛泽东诸人已经把游击战争指挥得风生水起，并取得了第一次反围剿，第二次反围剿，第三次反围剿和第四次反围剿的胜利。但博古和李德来到苏区后，一亮相就是一个国际范儿，一出手就想展现出国际战略的高超技巧，以前的军事经验基本被推翻，以前的游击策略基本被颠覆，以前主要的军事领导人也基本尽量踢一边去（具体过程细节在这里就不赘述了）。

于是乎，接下来的苏区保卫战（第五次反围剿），就变成了惨不忍睹的"绞肉机"战场，红军失去了原来机动灵活大面积大范围的游击战略，而变成了"短促突击"，"硬碰硬"的"反堡垒战术"。各军团士兵的阵亡人数不是以百计数，而是动辄过千。其中最为惨烈的"广昌战斗"持续了整整18天，搭进去了5500多条红军的性命，占参战总兵力的五分之一，几乎将红军主力完全暴露在国民党军的炮火之下，直接造成瑞金成为"瓮中的废都"。

广昌战斗之后，江西瑞金及周边的几个县乡已变成了铁桶中密闭的空间，蒋介石大军把这里包围得风雨不透。甚至苏区人想要吃点盐，都必须靠外面人把盐水浇在棉衣内胆里，通过封锁关卡后，再用水洗火熬逼出那么一点点结晶来。

无疑，再这么耗下去，整个苏区将会成为埋葬中央红军和中央机关的一个大坟场。

第五次反围剿的全面失败，直接造成了整个中央苏区的全面放弃，最后中共中央机关只能悄悄离开红都瑞金，跟中央红军各大军团部队汇聚江西于都河边，并从这里开始，开始了逃难的旅程。

从女红军在途中分娩的故事，
便可看出：这场远征是来得多么猝不及防。

谁都知道，一个女人从怀孕到分娩需要十个月的时间，走在长征队伍中的好几个女红军是带着身孕上路的。

在出发前的几天里，这些女红军还在甜蜜地等待几周或者几个月后幸福的时刻，谁都没有想到这几个月来，瑞金周边的形势越来越紧迫，尤其是广昌战斗结束后，整个苏维埃共和国都被搬上了逃难的旅程。

于是，女红军在弹雨横飞的长征途中生孩子，便成为长征史上最为惨烈的篇章之一。

陈慧清是国家政治保卫局局长邓发的夫人，令她万万没有想到的是：这苦命的孩子早不出生晚不出生，偏偏就在一场最残酷的阻击战开始时要出生了。

屋漏又逢连夜雨——陈慧清难产！

据当时在场的红军小战士回忆，陈慧清当时疼得满地打滚，血水泥水滚成一团，把周围的茅草地都染红了，四周剧烈的枪炮声都盖不住陈慧清凄厉的惨叫声。

此刻没有医生，更没有懂得接生的护理人员，一公里以外，红五军团的军团长董振堂正指挥着士兵拼死阻击。几个小红军战士实在看不过去了，便纷纷脱下衣服，拉成一圈，让陈慧清就在圈中打滚。

董振堂眼看着快顶不住了，提枪跑过来喝问：你们到底还有多久才能生下这个孩子？小战士哪里知道？他们只能瑟瑟地发抖说：正在生……正在生……

董振堂返头跑回阵地，朝着坚守阵地的士兵们大吼了一声："你们打也要给我打出一个生孩子的时间！"这句话被当时的战士记住了，永载史册。

三个多小时后，陈慧清终于把孩子生下来了，全军马上后撤，很多小战士在经过陈慧清身边时，对她怒目而视——这些年轻的士兵哪里懂得难产的痛楚，他们只知道有无数个好兄弟为了掩护这产妇生孩子而失去了宝贵的生命，他们想不通。就在这时，又是红五军团的军团长董振堂冲了过来，又一次大吼："你们瞪什么？我们今天流血牺牲，不就是为了这些孩子吗？"又是一句永载史册的话。

长征路上，还有一位大姐，生孩子也生得无比惨烈，她是红九军团第二十二师师长周子昆的夫人，名叫曾玉。

曾玉也是在一场激烈的突围战斗打响后要生孩子了，当时情况非常紧急，她身边的小战士硬是把她拉上一匹战马，然后打马狂奔！一个即将临盆的女人哪里经得起这番折腾，直到后来战士看见她的鲜血顺着大腿往下流，知道不好了，这才赶紧把她拽下马来，就在一边儿的草窝子里硬是把孩子生下来了。

孩子生下来了，但不能带走！

战士们就地拽了几把茅草把孩子裹吧裹吧就放在了路边的石堆上，然后拉起曾玉继续狂奔，曾玉舍不得自己的骨肉啊，一步三回头地看着自己的宝宝就那么躺在乱石中哭，她的心都要碎了，就在这时，一发炮弹在他们身边爆炸，把几个人都掀到路边冰冷的山涧里了——一个刚刚生完孩子的女人被冰水一激，当场昏迷过去了。

在这之后几天的时间里，曾玉人事不省，她是被战士们用一块门板抬出了敌人的包围圈。据后来回忆者说：曾玉昏迷的三天三夜里，一直把双手紧紧抱在胸前，她一直以为她的宝宝还在怀里。

毛泽东的夫人贺子珍也是在长征途中分娩产子的一位女红军。

身边的护理人员是用脸盆把孩子接生下来的，是个女婴。据说后来警卫员拿脸盆去打饭时，盆沿没洗干净，上面还沾着孩子的胎血。

孩子生下来该怎么处理？这让贺子珍身边的警卫人员非常犯难，沉寂了很久，还是贺子珍自己要求把孩子就近找一户人家，拜托收养。年近50的老红军董必武凑了30块银元，连同孩子一起包上，交给了毛泽民的妻子钱希钧，最后把孩子托付给了深山沟里一个瞎眼老婆婆。

数十年后，经当地部门详细调查，确定了当时收养孩子的瞎眼老婆婆是住在白沙河边的张二婆，老人还曾给孩子取过一个名字叫王秀珍，孩子只养了三个多月就因为身上长满了毒疮死掉了。

董必武老人在长征路上帮忙处理过好几个孩子，最令人感动的是他把陈慧清的孩子包裹好放在硝烟弥漫的路边时，在孩子的身上塞了一张纸条，纸条上是董必武满含热泪写下的最恳切的一句话："收留这个孩子的人是世界上最善良的人。"

长征就是以这样令人撕心裂肺的开头拉开了序幕。

穿越80年的隔膜，我们还能否触摸到那段历史斑驳的细节？

红军长征到底走了多少路？

由于处于敌军的分割和包围之中，一共有四支红军队伍走在长征线路上。

第一支是中央红军（后改称红一方面军），1934 年 10 月 9 日从江西的瑞金、于都等地出发。1935 年 10 月 19 日到达陕北吴起镇（今吴旗县），历时一年零九天。经赣、闽、粤、湘、黔、桂、滇、川、康、甘、陕共 11 省，行程二万五千里。

第二支是红二十五军（后编入红一方面军），1934 年 11 月 16 日由河南罗山何家冲出发，1935 年 9 月 15 日到达陕西延川永坪镇，同陕甘红军会师，合编为红十五军团，行程近万里。

第三支是红四方面军，1935 年 3 月强渡嘉陵江西进。5 月初放弃川陕苏区，向西策应中央红军，开始长征，由彰明、中坝、青川、平武等地出发，向岷江地区西进，1936 年 10 月 9 日到达甘肃会宁，与红一方面军会师，历时一年半，曾三过草地，转战川、康、青、甘四省，行程一万余里。

第四支是红二、红六军团（后同红一方面军第 32 军合编为红二方面军），1935 年 11 月 19 日由湖南桑植刘家坪等地出发，1936 年 10 月 22 日到达宁夏西吉的将台堡，同红一方面军会师，历时 11 个月，转战湘、川、黔、滇、康、青、甘、宁、陕共九省，行程二万余里。

由此可以统计出：四支长征队伍的总行程约六万五千华里。

长征路上一共经历了多少种艰难险阻？

80年前的红军长征，应该说是经历了千难万险的考验，如果往细里划分，可分为人祸和天险两大关。

先说说人祸关吧：中央红军自江西瑞金出发就几乎没有顺当的一天，二万五千里的雄关漫道，蒋介石手下大将及各地军阀的围追堵截构成了世界军事史上最为壮观的历史画卷。

长征一开始，中央红军首先突破了广东军阀陈济棠和国民党中央军设置的三道封锁线，它们分别是：在江西赣州和信丰之间的第一道封锁线；在湖南汝城和广东城口之间的第二道封锁线；在湖南宜章至临武、嘉禾之间的第三道封锁线。

紧接着，在湖南和广西之间以惨烈的代价突破了由湘军何键和桂军白崇禧联手构成的湘江防线，也就是历史上有名的第四道封锁线。

之后，由于湘江血战伤亡过重，红军在湖南通道改变了行进路线，转兵向南进入贵州，下一个对手便是黔军首领王家烈。

王家烈在当时诸军阀序列中算是排行比较靠后的一位，黔军的战斗力也相对较弱。但红军在贵州境内遭遇了最多种军队类型的层层围攻：这里有黔军，川军，桂军，滇军，中央军，另外还有大量的贵州本地民团和地主武装，总兵力加起来已接近43万人。而红军挣扎到了这个时候总共加起来也不过3万人。

因此可以说，贵州一域，仅给红军留出了细若游丝的一线生机，但这一线生机却被毛泽东牢牢把握住了，四渡赤水把整个战局挥洒成了一袭风骨，真可谓浪花飞舞，群山回唱。

四渡赤水之后，云南军阀龙云正式登场，他和手下的大将孙度联手阻击，但跟刚刚找回战场感觉的毛泽东相比，战技水平确实相差较远，红军几乎没费太大的气力就把滇军晃到了昆明附近，生生从金沙江边抠出了九天九夜宝贵的时间，最后从容过江。

接下来，从四川的会理通安开始，擂台换上了川军的刘湘和刘文辉，这叔侄俩也都不是省油的灯，除去这个，还有超级麻烦的彝人。红军在四川境内几乎完成了军事科目考试中各种类型的超级难题：什么远交近攻，长打短吊，里应外合，软磨硬攻，迂回强渡。能用的招儿几乎都用上了，甚至曾经的川军军神刘伯承都单腿点地跟彝人领袖小叶丹结拜了把兄弟，到这个阶段为止，红军依然是以生存为最高军事目标。

经过了川军考验之后，红军才开始跟西北王胡宗南，鲁大昌以及马家军的首领马步芳和马鸿逵过招儿了。一番西北黄沙风尘之下，中央红军一举攻克了超级险关腊子口，一步登上了宁夏隆德的六盘山，天高云淡，望断了南飞雁。

最后临近终点，还没拉下跟东北军碰面，顺手牵羊，搂草打兔子一般的收拾了张学良手下的骑兵师，顺便壮大了自己的骑兵队伍。

由此回望，中央红军一路长征总共突破十大拦路天王，他们是：
1. 蒋介石
2. 薛　岳
3. 陈济棠
4. 何　键
5. 白崇禧
6. 王家烈
7. 龙　云
8. 刘　湘
9. 胡宗南
10. 马步芳

发生在长征过程中的斗争形势真可谓是五花八门，千奇百怪。中央红军在经历了国民党军十大拦路天王之外，还要面对一次几乎置人于死地的红军内部高层的斗争——张国焘的错误路线。

这样算下来，可谓十一个人祸关，在闯这十一关的过程中，红军总共遭遇的战斗多达 400 场以上，平均每三天就要发生一场激烈的大战。除了在少数地区短暂的停留之外，在饥饿，寒冷，伤病和死亡的威胁中，红军士兵还要保持平均每天近四十公里的行军速度。

再说天险关吧：1934 年到 1936 年的红军长征总共穿越了中国 15 个省份，转战的地域面积总和比许多欧洲国家的国土面积都大。长征一共翻越了二十多座巨大的山脉，其中九嶷山，猫儿山，大凉山，夹金山，梦笔山，亚克夏山，六盘山都是有名的雄山峻岭，有八座都位于世界屋脊之上，而且终年积雪。

长征渡过了 30 多条河流，包括于都河，桃江，潇水，湘江，乌江，赤水河，长江，大渡河，岷江，白龙江，渭河等世界上最汹涌险峻的峡谷大江。长征还走过了世界上海拔最高的广袤湿地，那片人迹罕至的湿地面积几乎接近法国的国土面积。

除去雪山草地等极限地域之外，光历史上大名鼎鼎的天险就有十大关，它们是：
1. 城口关
2. 湘江关
3. 老山界关
4. 乌江关
5. 娄山关
6. 金沙江关
7. 大渡河关
8. 夹金山关
9. 班佑关
10. 腊子口关

这部史诗大戏刚开演的时候，毛泽东基本上还是个局外人，这场好戏差一点就不是以他为主角。

众所周知，在以博古，李德和周恩来为核心的"三人团"全面掌控了中央苏区的领导权后，毛泽东就基本上靠边儿站了。

他大部分的时间是在距离瑞金12公里以外云石山上的一座小古庙里度过。有史料表明：长征即将开始时，毛泽东曾经被列入了留下的干部名单。

博古欲把毛泽东留在瑞金的想法遭到了周恩来的坚决反对，当时在红军高级干部"走留"的决策问题上，周恩来坚持让毛泽东跟随红军转移的立场是显而易见的。

一个历史伟人，能在最关键的时刻做对一件事，就足以彪炳青史了。周恩来就是这样的一个人：家庭出身和文化背景有着很大差异的周恩来和毛泽东，两人的关系是中国革命史上最意味深长的关系。

但是周恩来跟所有其他的苏区高级领导不同，他对毛泽东的认识有着独到的一面：虽说他和博古一样都曾有过留洋的背景，但相比那些满嘴滔滔不绝背诵马克思列宁经典语录的"布尔什维克"们，周恩来洞悉毛泽东的本土哲学观念。历次斗争失败的教训，让他不能不思考外来和尚念出的经在中国是不是真正适用这样的命题。特别是毛泽东的《湖南农民运动考察报告》和《中国红色政权为什么能够存在》，更以精准的社会分析让周恩来确信"中国革命需要毛泽东"。

在这样的意识背景下，当博古提出把毛泽东留下之后，便遭到了周恩来的强烈反对。周恩来的理由很简单：毛泽东是红军的创始人，是苏维埃政府主席，在党内和红军中享有极高的威望，如果把他留下，万一出了事，无法向全体干部和红军官兵交代。

周恩来在态度上异常的坚决明确,但在方法上又表现出了极高的政治智慧:他还从李德方面给了博古一个暗示:毛是天生的游击专家,以前在井冈山时期,毛率领着区区几百人就能打下一片苏区,建立一个共和国,如果把他留下,就等于给了毛一个重新开锣的机会。而毛一旦获得了这个机会,瞬间发展出自己的武装来,那对于博古未来的发展会是个不小的掣肘。

这个说法刺激了博古的敏感神经,也点醒博古改变了计划。李德甚至还用古希腊的神话妙笔生花地打了一个比喻:天神安泰与敌人作战失败后,他就往母亲地神盖娅的身上一靠,就重新获得了巨大的能量。李德是在告诫博古:要想阻止毛泽东东山再起,就必须将他与"大地"的联系隔断。

就这样,毛泽东被批准跟随红军长征了。

没过多久,博古和李德便同时明白了用古希腊神话来解释中国革命的现实是多么的幼稚。

红军的年龄

长征出发时的红军战士,大多数在 17 岁至 30 岁之间,在很大程度上是由青少年组成,约 54% 的战士都在 24 岁以下,而将领的平均年龄也不超过 30 岁,非常年轻。

如今,那些胜利地完成了长征的勇士们早就已经被视为国家英雄。长征是中国培养高级将领最好的流动军事学校。1955 年,中国人民解放军首次授衔,245 个中将以上军衔的将军中,有 222 人参加过长征。

而如果以长征开始时计算他们的平均年龄,则更让人惊叹:9 位元帅为 36.5 岁,8 位大将为 31.7 岁,48 位上将为 25.9 岁,157 位中将为 23.8 岁。

后来成为中国共产党总书记的胡耀邦在长征时只有 18 岁,同样只有 18 岁的还有肖华。其他著名的将领如林彪 28 岁,左权 29 岁,杨得志 24 岁,李先念 25 岁,王震 26 岁,杨尚昆 27 岁,罗瑞卿 28 岁,耿飚 24 岁,杨成武 20 岁,许世友 29 岁,陈云 29 岁。

这样年轻的将领行列,在世界战争史上都令人震惊,找不到可类比的历史以及曾经发生过的史事。这些当初还只是血气方刚、衣衫不整的少年军官,后来都渐渐成为了国家领导人。

我们不怕阵亡,我们怕被遗忘。

部分资料援引

生活·读书·新知三联书店《红军》,作者师永刚、刘琼雄。
华艺出版社 2011 年《苦难辉煌》,作者金一南。
人民文学出版社 2011 年《长征》,作者王树增。
特此致谢。

3

今天就出发吧

我在西藏见过藏人晒衣晒经晒大佛,但从未见过藏族孩子晒钱的。

徒步的冲动

其实在我内心,有个小小的遗憾:2009 年的夏天,我去西藏,在大巴前往四川德格的路上,车过一条小河,我突然看到了一幅画面:一群刚刚放学的藏族小学生竟然坐在河滩上在晒钱!我猜想:大概是他们其中的某个孩子在过河时一不小心摔倒了,他书包里装了些一元一元的纸钞,全被河水打湿了,于是同学们分头在帮他把纸钞晒干。我看到这个场景的时候,正好处于逆光:金黄色的夕阳西下,那一页一页的小纸钞被压在石子儿下迎风飘摇,就像一面一面微缩的风帆在河边飘荡,周围的小学生一群一伙儿安然静谧地坐在那里等着钱干,这画面简直太不可思议了!我本能地大叫一声"停车呀!"司机才不理会呢,他一脚油门就把我当时想拍照的冲动给碾轧得灰飞烟灭。那一刻,我就在想:如果下次能有机会,我一定要用双脚去丈量一段旅程,不拉下每一寸场景,不丢失每一片风景。

80 年前的长征,是一群衣衫褴褛饥肠辘辘的孩子徒步完成的壮举,想要了解他们的故事,重温那个时代的壮怀激烈,用徒步去"走读"应该是最贴近的方式。

装备啊装备

徒步长征，跟许多专业的户外运动不一样。

这不是极限运动，也不是探险之旅，80年前的长征路到现在已经今非昔比。

这30年来，中国农村发生了天翻地覆的变化：行走长征线路，基本上五公里之内就有村庄，30公里左右就有乡镇。而且村道普遍修得比乡道要好，乡道比县道修得要好，县道比省道修得要好，路况最差的反而是国道。

因此，这一路行走，走在村道或乡道上，其实是一种享受。

最可爱的是：一路乡村都能保证水的供应。不管多大的村落，但凡有人的地方就能找到商店；只要有商店，必能买到各种各样的饮料和水，什么红牛可乐，果汁脉动，农夫山泉娃哈哈一应俱全。

能把货物铺到这个份儿上——我打心眼儿里佩服中国饮品的经销商们。

在装备上，我一出发就被忽悠了：以前看电影或电视画面上，那些户外英雄们里三外四的专业设备确实让人羡慕。但是当我走了一个月不到，就感觉身上的装备有五分之一都是装饰性的，基本上没什么用。反而沉重的负担压得人行走效能很低。头一个月我每天最纠结的事儿就是负重问题，因此在第一阶段回深圳休整期间（这一年我利用红军开会打仗停留的间隙一共回深圳休整了四次），我大大减轻了身上的装备，光背包就换了三个，一个比一个简单，到最后一个阶段时，已经压缩到十公斤以内了。

不过，无论怎么简单，有几大样儿装备确实是不能敷衍的。

一

第一阶段走完，打死我也不穿皮靴了，回城赶紧换了一双德国的"Lowe"徒步靴。这

鞋袜,这是长距离徒步最最重要的配备:我这一路,最大的亏就是吃在脚上。刚开始自认为军用皮靴结实耐用,外形又很酷,谁劝都不听,就那么很装逼地穿着上路了。结果才走了二十几公里就被磨得受不了了,这玩意儿它不是将就你的脚,而是逼着你的脚去将就它,尤其是负重行走没多远,就把脚给啃得"坑坑洼洼"了。

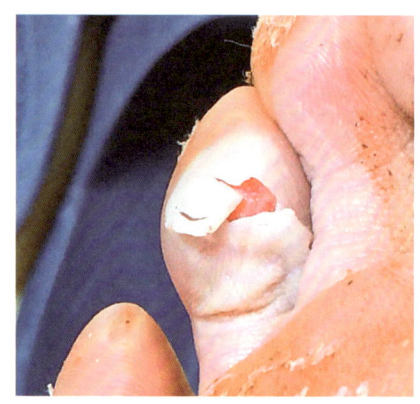 

顺便给个小贴士：以后出远门徒步不用买专业的绑腿了，只需买两根女士常用的皮质裙带就可以解决绑腿的问题，结实美观，价钱便宜。

靴子价格挺贵，2000多块钱一双，但确实是物有所值：不说别的，光它自带内压反弹力的功能就够值这个数了——这功能的优势在短距离内感受不强烈，越走长途越能体会它的好处，就好像你每一步压下去的力量被重新释放回来一样，抬脚的回力"弹簧"十足。除此之外，这靴的表面处理也很特殊，虽然极度密闭但仍然透气性良好，甚至后来在沼泽地带行走时，连蚂蝗都钻不进来。长征这一路，我总共才走坏了四双，靴底非常耐磨。

袜子也不能随便乱穿：越是休闲松垮的袜子越完蛋，当脚在袜子里的空间越富裕脚就越麻烦。直到长征路走了近三分之一，才有专业朋友推荐一种"五指袜"给我，非常适合当做"徒步袜"，它把你的每一个脚趾头都包了起来，不让它们在靴内相互摩擦，从而让脚的行走机能最大限度地发挥了出来。

二

相机设备，第一阶段出发时，我雄心勃勃地想在路上拍摄一些"摄影作品"，所以除

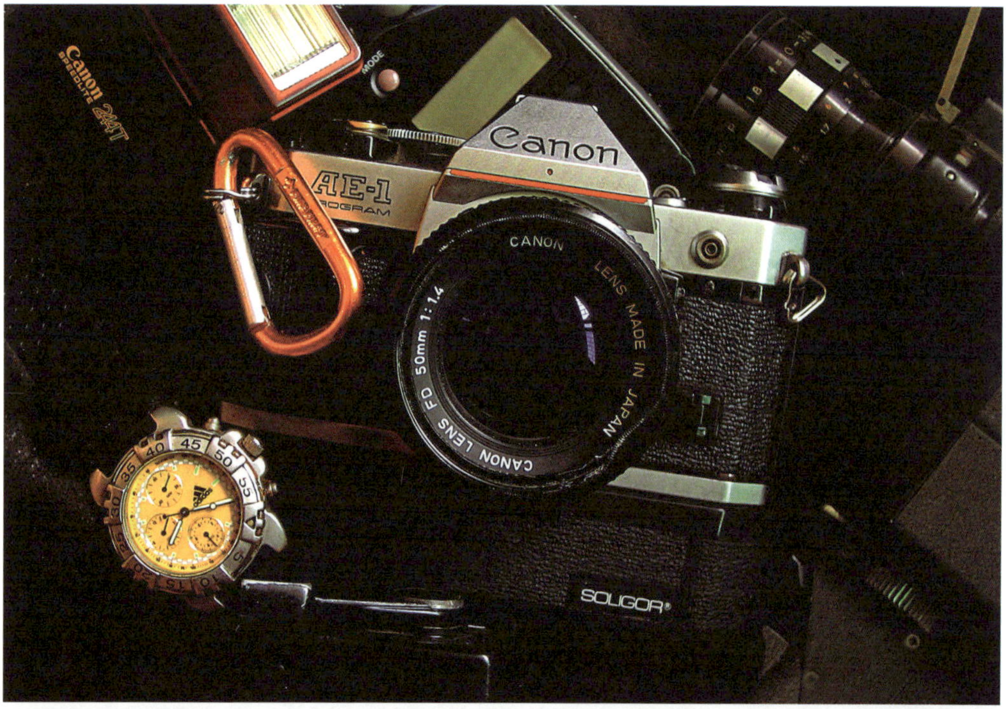
Canon SPEEDLITE 244T
MODE
Canon
AE-1 PROGRAM
CANON
LENS MADE IN JAPAN
CANON LENS FD 50mm 1:1.4
SOLIGOR

LEICA
Leica
LEICA
Leica

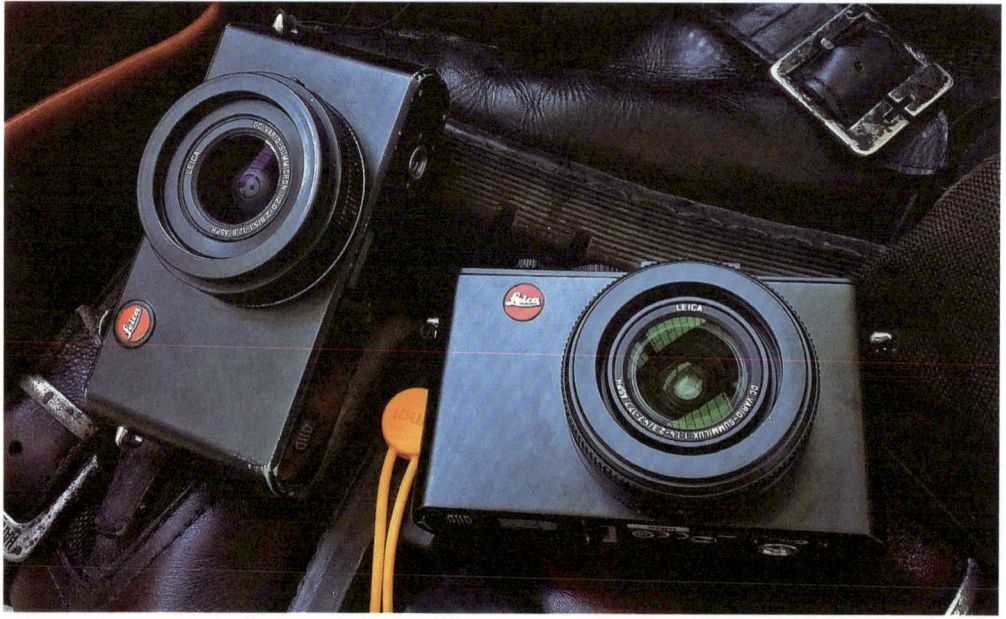

了数码相机之外，我还带了一架老式的胶片摄影机。后来才发现：这些东西都是非常压重而且分散体力精力的累赘物件儿，第二阶段全不带了。

从第二阶段开始，我只带两样东西：一架莱卡LUX-6的小型数码相机和一支体型较大外表唬人的钛合金三脚架。这套装备表面看起来有点小马配大车的感觉，其实是有它的道理的。小莱卡精巧轻便，但成像质量不低，带在身上又不惹眼，举机拍摄十分方便。LUX-6型有一个非常符合我独步越野的功能：就是它的三连自拍功能。一路旷野中的独自行走，干脆就把自己的背影看作一个视觉符号，走到任何经典场景，都可以用三连自拍来完成一些背影记录工作，反正有的是时间。

一人在路上，带一支大型的三脚架是非常必要的。

用它来支撑相机只是一部分功能，最关键的是它的防身效果：一支漂亮的钛合金三脚架拿在手中，拉出局部支腿，长短不一，远远望去，很像是一支7.62mm的德拉古诺夫狙击步枪，这会让很多路上打你主意的人望而却步。当然，它也引起了很多警惕性较高的警察的注意（我在路上曾多次因此而被警察盘查）。另外，三脚架还是很好的打狗棒，在中国漫长的村道上行走，被群狗围攻的经历是家常便饭，有一支很给力的三脚架真的叫你有恃无恐。三脚架的第三个功能还能帮你在登山下坡时当探路手杖使用。

三

电子地图和电子阅读装备，这要感谢现代手机功能了。现在出门在外，所有电子地图，电子导航，天气预报，地形分析功能强大的越野软件基本上一机搞定。

一个手机可以承载你路上所需要的全部辅助功能（当然前提必须是电池储备和流量充足的情况下）。不走不知道，一走吓一跳。中国广大乡村的通讯发达水平能让美国农民瞪落俩眼珠子，我这一路很少遇到没有信号的时刻，甚至在很偏僻的小山村里都可以发微信。另外，我还下载了三十多本书在iPad里面，这样就可以保证我白天走路晚上看书的理想状态。

四

药品，准备一些应对肠胃不适，消炎抗毒，润养关节的保健药品是必须的，但路上用得最多的是创可贴。

五

多用刀具，金属饭盒，防雨装备（雨衣雨披）这是必须的。第一个阶段长征时，我还带了户外专用的帐篷，睡垫和睡袋，但后来发现，路上用的时候并不多，特别是一个人的状态，把行程计划安排好，能不住野外尽量不住（一般在地图上根据里程数字和村庄位置都是可以计算好行程和落脚点的）。

六

旅行记录，一万两千多公里，写写心得和感悟是必须的，我一般大部分的笔记是用微信发朋友圈的方式来完成。另外出发前，我有心做了一种特殊有纪念意义的明信片，沿途用手写的方式寄给我的朋友们，这对他们来说绝对是一个意外的惊喜。

4 一个人的长征日记

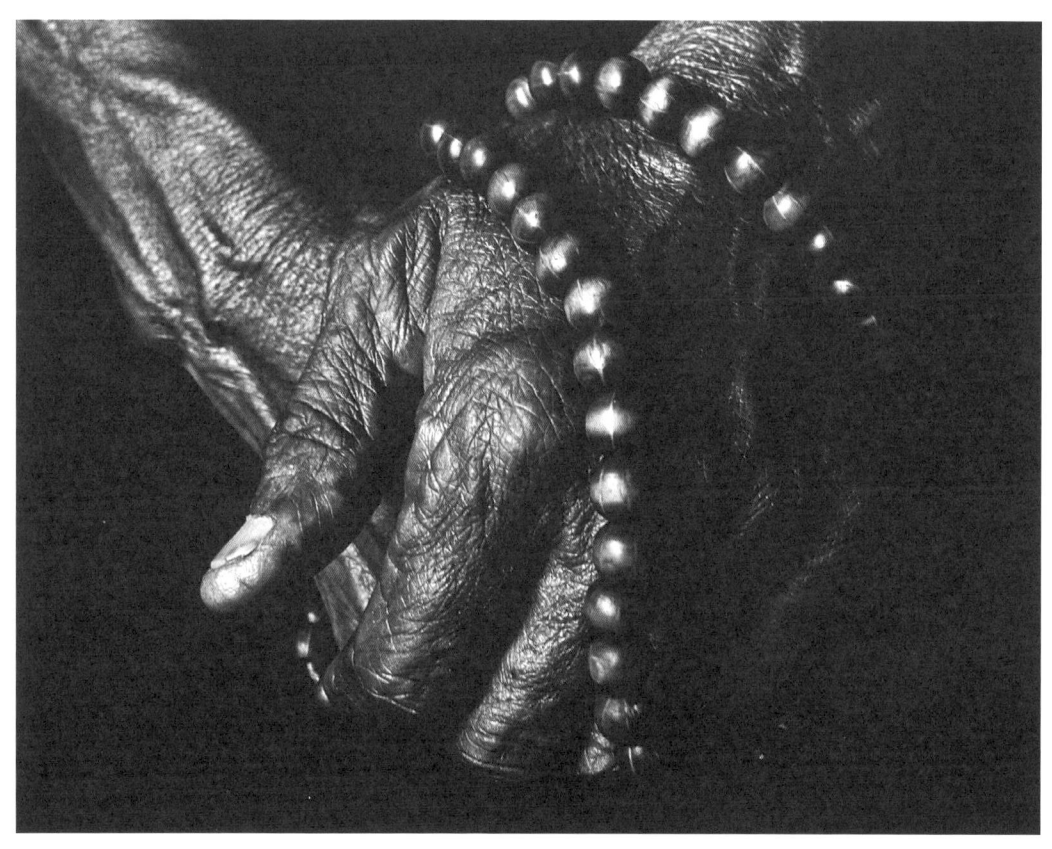

这张照片不是在长征路上拍摄的,这是在 2009 年跟随摄影大师杨延康穿行西藏时拍摄的。

当时我们两人一起在日喀则的南木林乡拍摄一位隐居修行的老僧人,我特别注意到他的这双手:一双历经磨难但形态生动的老手,当他在和杨哥侃侃而谈时,那串念珠和他的手组合在一起,焕发出了一种我从未感到的冲击力。我觉得拍摄这双手是杨哥给了我一个启发,或是一个机会。

我宁愿相信拍摄这张照片,是我徒步长征的一个开始。

在四川石棉县的安顺场镇，大渡河边巨大的水洗石已经深深烙下了岁月冲刷的痕迹。当年石达开曾经在这里，把自己五个貌美如花的老婆捆扎好投入冰冷刺骨的大渡河，然后自己慨然赴死，被割了上千刀。

岁月之下，物是人非，也难怪当红军夺下泸定桥时，刘伯承元帅会激动得失态，只有经历过如此铁血考验的军人才能领会这些激流浪花中顽石的力量。

在甘南迭部俄界一带,我望着起伏的山峦出神:这一带曾经是长征中的中央机关最为危险的路段。

当毛泽东带着红一方面军仅剩的7000人沿着达拉山谷步步惊心地向东穿越时,他或许根本没有想到他关于一年后会师的预言竟是惊人地准确。

在这条寻找生存之路上,毛泽东与他的队伍,一直在修整着自己的方向,仅仅两年,虽然付出了十多万人的生命,但最终还是决定了这条路的终点,或者起点。

在川北红原县的瓦切大草原附近,我看到了中国最漂亮,最现代化的牧民居所,但我的长征路依然走得疲惫不堪,浩森无期。不知道为什么,马尔克斯的那句话总是浮现在眼前:生命中曾经有过的所有灿烂,终究都需要用寂寞来偿还。

在贵州兴义的威舍镇,有一间小商铺,耀眼的红星让整个小店充满了庄严感,而在我的镜头中,"红星之道"似乎构成了一种天然的链接,让我的心里洒满阳光。

一个人的长征

以邮戳的方式记录两万五千里长征

2013年10月10日,左力从江西瑞金出发,开始了一个人的徒步长征,耗时一年零九天,于2014年10月19日顺利到达陕北吴起镇,徒步行走一万两千一百公里。

共穿行江西、广东、湖南、广西、贵州、云南、四川、甘肃、宁夏、陕西十个省区。

"怨妇"送行

（2013年10月2日）几个常在一起混时光的摄影哥们儿听说我要去走长征路，备了一桌酒菜为我饯行。

席间，大伙儿说了些祝福祝愿的话，也把一肚子的困惑掏了出来，扔在我的面前。

虽然大家在脸上堆积着友好的表情，但我仍能从这些玩笑中感到一缕缕的戏谑和挖苦。我不知从何说起，更不知该怎样回答。

接着，便进入了集体的抱怨时间：怨这天，怨这地，怨这单位，怨这领导，怨这福利，怨这制度，怨工作太累，怨待遇不公，怨老婆要求太多，怨孩子没有追求没信仰，怨糟糕的教育……两个多小时的抱怨不算短，一张张被岁月喂圆了的肉脸，都像"怨妇"一样拧巴着，仿佛当下的这个空间，连氧气都不能任意呼吸。

说心里话，去徒步二万五千里，我心里一点底都没有。

但至少此刻我不想浸淫在这"怨妇"的温存中，她就像是一种病毒，幻化出一股潮流般的自慰：男人抱怨时代不我，成功无望；女人抱怨时光不再，男人不济。

心中若没了方向，再繁华的景致也被走得跌跌撞撞。

当眼前各种纷繁复杂一股脑纠结的时候，确立一个单一而坚定的目标，或许能够夯实一段丰盛的旅程。

现在唯一能清醒告诉自己的就是：不改初心，出发，到达。

"向毛主席保证"已是非常非常久远的特殊语境,能在此时此刻如此真切地听到,让我突然对这个诚信失控的年代产生了穿越的渴望。

向毛主席保证

(2013年10月6日)从广州出发去江西赣州,先到广州农民运动讲习所去参观了一下,结果就撞见了这么个场景:一对儿老夫少妻正在毛泽东塑像前吵架,年长的老公显然是有什么事情隐瞒了年轻的妻子,于是被拽到毛泽东的面前去"向毛主席保证"没有撒谎。

瑞金沙洲坝附近,一群村民正兴致盎然地参加一个有奖推销活动。人们高高地举着双手,奋力地从空中攫取着内心的渴望。

瑞金,瑞京

(2013年10月8日)终于准点儿到达江西瑞金。

80年前的今天,那群怀揣着另一种理想的青年正是从这里挥舞着大旗,追寻着理想,一路向西飘摇而去的。

那时曾有一人,浩瀚叹息:国际悲歌歌一曲,狂飙为我从天落。

放眼天际,在万籁贪享奢靡的声浪中,突然想起狄德罗说过的那句话:除去真理和美德,我们还会因为什么事物而感动呢?

中华苏维埃的临时中央大礼堂旁边，有几间黄泥小屋，里面插着几杆红旗分外抢眼。

中国男人中最潇洒的牺牲

（2013年10月9日）传说在早期共产党人中，有三大帅哥：排第一位的是黄埔一期生王尔琢，排第二位的是大家熟知的周恩来，排第三位的就是一代文豪瞿秋白。

瞿秋白，曾经是早期中共的最高领导人之一，他在哲学、文学、史学和翻译等众多领域都对中国文化史产生了深远的影响。

像这样才高八斗，学贯中西的大文人，从一开始就不闹什么革命，只要随便拔下身上的一根汗毛，都会成为著名的作家、翻译家、书法家或者名医。可是1934年红军撤离瑞金时，当时的最高领导人博古偏不让他参加长征，硬生生地把他留在了瑞金。

人人都知：在那个节骨眼儿上留在瑞金，九死一生。红军走后，瞿秋白果然落入敌手。

接下来，温文尔雅的瞿秋白用生命告诉了世间所有的男人，什么叫做纯爷们儿！

国民党对瞿秋白，有一个堪称漫长的劝降过程：首先是蒋介石，在知道得到了瞿秋白先生，非常欢喜！急电三十六师长宋希濂亲自去处理此事。宋希濂在黄埔军校读书时听过瞿秋白的课，恭执学生礼，想以师生之情劝其投降，并派军医为他治病。但是瞿秋白死意已决，淡淡地说："减轻一点痛苦是可以的，要治好病就大可不必了。"

宋希濂劝说无效，蒋介石又派众多南京中央大员前来劝导，甚至声称不一定要瞿先生公开反共，只要答应到南京政府下属机构去担任翻译，或者担任大学教授就可以了。无奈瞿秋白就是一根筋，绝不答应。蒋介石权衡再三，只好下令枪决。

接到南京电报后，宋希濂出于师生情面，想对瞿秋白再作一次努力，遂邀瞿秋白一起饮酒。席间，宋希濂拿出电报给瞿秋白看，并称如能自首，当再电请南京收回成命。瞿秋白笑说："人爱自己的历史，如鸟爱自己的翅膀，请别撕破我的翅膀。"

枪决令下达后，"中统"头领陈立夫心有不甘，星夜面见蒋介石，请求枪决暂缓执行，再由"中统"派员前往劝降，结果也同样被瞿秋白一一回绝了。

1935年6月17日，宋希濂特派参谋长去向瞿秋白转达执行枪决的命令，瞿秋白听到之后，平静地将手中刻章轻轻一吹，一抹浮尘纷扬空中。

第二天清晨，瞿秋白起身，换上了一袭白衣白裤，就着狱窗朝露的阳光，读起唐诗宋词来，并提笔书写：1935年6月17日晚，梦行小径中，夕阳明灭，寒流幽咽，如置仙境。翌日读唐人诗，忽见"夕阳明灭乱山中"句，因集句得偶成一首：

夕阳明灭乱山中，（韦应物）

落叶寒泉听不穷；（郎士元）

已忍伶俜十年事，（杜甫）

心持半偈万缘空。(郎士元)

尚未写完,执行枪决的宪兵已到,瞿秋白遂疾笔草书:"眼底烟云过尽时,正我逍遥处。"

马上就要面临极刑,前一夜竟平静如水,还能平心静气地搜索出这么工整的对句,借禅语抒发自己的情怀,瞿秋白文弱的身躯内,到底蕴藏多大的力量,我们无处得知,或许他真正洞穿了生死。

1935年6月18日上午9点,在罗汉岭的一块草坪上,瞿秋白面对枪口,盘膝而坐,微笑点头说:"午间小栖,为小快乐;夜间安眠,为大快乐;辞世长眠,乃真快乐……此地正好!开枪吧!"

关于瞿秋白死后,由于一些政治原因所得到的种种非难,曾经让他失去了做一回纯粹烈士的机会,甚至在他死后,他的家人,他的妻子,他的女儿都因为他写的《多余的话》而受到连累,但在今天看来:九九归一,万般心迹已如他在狱中所写的那首《卜算子》一样:"信是明年春再来,只有香如故。"

瞿秋白大义凛然地走了。

瞿秋白愿意走,但并不代表他不愿意留,秋白失去了一袭白衣下飘飘鲜活的生命,但他却得到了一个大写的人的尊严,在他生命的最后一刻,把人生的意义向上推进了一格。大哉!秋白!

在瑞金,红色的词汇比比皆是:革命,人民,反围剿,苏维埃,共和国。徜徉在这青绿的小城里,我常常在想:八十年前那段有血有肉,浩荡鲜活的历史,怎么在我们的心中,却像是榨干了水分的动物标本,被陈列在无人问津的博物馆里,一任风霜雨雪,一任尘土飞扬。

中共中央二苏大礼堂,是仿照红军八角帽的造型设计的,出自钱壮飞的手笔。钱壮飞

最早担任过国民党谍报巨头徐恩曾的助手，曾经为营救中共中央上海总部的地下党员立下了汗马功劳。在瑞金的中央红军机关里，钱壮飞也是出了名的谍报高手，据说当年蒋介石发给各个部将的电报一旦被他截获，不需要密码本，直接就可以读出电报内容。钱壮飞也是一位琴棋书画样样在行儿的江南才子：生活讲究品位，人也长得很帅。在完成了这个独特的设计之后，就跟着大部队走上了长征路，几个月后，他在一次敌机轰炸中掉队，因为一口的江浙口音，再加上背了一个上好的皮质公文包，最后被贵州一支地主武装盯上抓捕后，用乱石砸死。

在金一南先生的《苦难辉煌》一书中，记叙了颇有戏剧性的一幕：中央红军被迫长征后，最先率军杀入瑞金的两位国民党将军竟然都是前共产党员：一位是国民党东路军第十师师长李默庵，另一位是国民党东路军第三十六师师长宋希濂。

李默庵攻占了红色首都，宋希濂枪杀了一代文豪瞿秋白。

而十四年后的1949年，华东野战军第三十五军占领了蒋都南京，三十五军的军长吴化文，恰又是前国民党高级将领，这是历史的玩笑？还是历史的巧合？

瑞金的冬天不下雪，瑞金的1934却是雪白血红。

古庙里的毛泽东痛失三岁爱子

（2013年10月11日）今天是徒步第一天，天气晴好，微风不燥，除了背囊过重，其他感觉十分良好。从瑞金往西南走不到12公里，就是小小的云石山镇了。这小镇不太整洁，尘土飞扬，但在长征历史中，它可是拥有"第一山"称号的。

当年，毛泽东受中央"三人团"排斥，军权旁落，倍遭冷遇，被安置在这里。

在山上一个名叫"云山古寺"的小破庙里读书，叹气，抱孩子。

凡事都有两面，毛泽东在这里虽然倍受到排斥和打击，但也为后来重大的政治转机埋下了伏笔：另一位重要的历史人物张闻天因为跟博古意见不合，也被"发配"到这里居住，这就为两人后来在长征路途中产生"担架上的阴谋"提供了客观的交流基础。

云山古寺周围的风景很好，庙门上写着一幅对联："云山日永常如画，古寺林深不老春"。古寺边的一棵大樟树下，成了老毛和老张经常沟通文学，政治和军事思想的场所。张闻天这位莫斯科中山大学的高材生也是头一回发现从山沟沟里钻出的毛竟然有着如此深邃的军事思想和哲学思想，这个发现，也为他们日后在遵义会议上的联手组合打下了情感基础。

长征开始，跟毛泽东基本扯不上什么关系。正如师永刚先生在《红军》中所说：长征这部史诗大戏刚开演的时候，毛泽东基本上还是个局外人，这场好戏差一点就不是以他为主角。

1934年的苏区政策以及军事大计基本上都是由"三人团"决定的。

其实，李德一开始也没把自己当一盘儿菜，但没想到博古把自己捧到了太上皇的位置，恭敬不如从命，于是李德坐在临时中央专门为他搭建的"独立房子"里用尺子和画笔开始指挥十几万红军的反围剿作战了。

李德喜欢吃鸭子，中央就在李德的"独立房子"边养一群鸭子，号称是"李德的鸭子"，每天杀一只……鸭子越吃越少，红军的仗也越打越惨，到最后红军几乎是整连整营整团地被蒋介石吃掉，甚至有的部队刚刚投入战斗就被整建制地炸飞了，连蒋介石都奇怪前四次反围剿中那个生机勃勃的红军到哪里去了？

我猜想当时毛泽东眼看着自己一手打下的江山被搞到支离破碎，肯定心痛到脚都抽筋，大将彭德怀更是两眼喷血地冲到李德面前破口大骂：你这是崽卖爷田不心疼啊！

疼归疼，骂归骂，该执行的命令还得执行，直到最后把整个苏区都快拼光了，博古和李德开始密谋向外突围时，毛泽东还蒙在鼓里呢。博古一度不想带毛泽东上路，但遭到了周恩来的强烈反对，包括李德也认为把毛泽东留在瑞金会更麻烦，因为这会给毛一个东山再起的机会，就这一点来说：历史也许还要感谢李德，他的这个担心结果成就了毛泽东。就在长征路上红军几乎全军覆没的边沿儿上，毛泽东以最大的历史自觉来到了风云际会的生死关口，让长征变成了一场绝地逢生的浩瀚远征。

现在回过头来看，在毛泽东被迫离开瑞金，跟随着红军走上长征路途的初期，内心饱尝了三大痛点：一是痛失了自己一手缔造的苏维埃共和国；二是痛失了自己一手创建的红军主力的指挥权；三是痛失了自己三岁的儿子小毛毛。

小毛毛是毛泽东和贺子珍在江西苏区的第二个孩子，第一个孩子出生在红军攻打福建龙岩的战斗中，因为部队要快速撤退，只好把刚刚出生二十天的小宝宝托付给当地的一户老乡家里了。据说一年后，贺子珍曾专门回去找过，那孩子早已死掉了。小毛毛的出生，无疑是在心理上给毛泽东和贺子珍带来了最大的安慰。尤其是孩子的欢闹填补了毛泽东被打击排斥后最失落的时光。但长征的开始，意味着他们夫妻必须放弃这个天使般的宝宝。临出发前，贺子珍一次又一次地骗孩子说：爸爸妈妈要出门打仗，过几天就回来……直到出发的前一天，贺子珍内心滴血淌泪地给孩子留下了四块银元和一件小棉袄。

从此，他们再也没有见到这个宝宝了。

二〇一三年

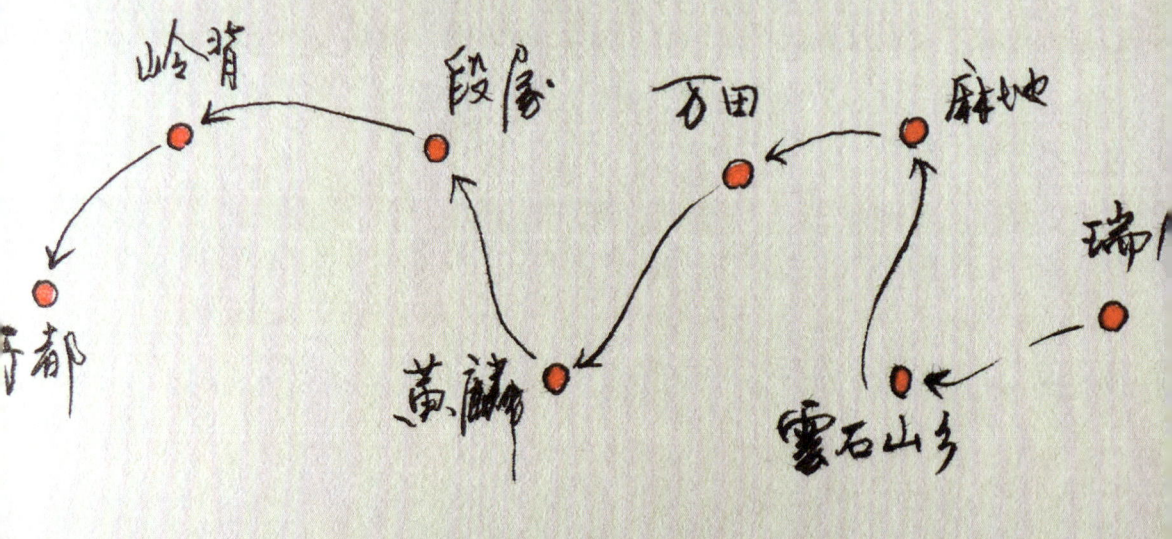

第一天，由瑞金经过云石山、麻地到万田 39km

第二天，由万田经过黄麟到达段屋 28.6km

第三天，由段屋经过岭背到达于都 32km

39公里不长,但双肩被背囊压得爆裂!目标遥遥无期,未来的长途跋涉要背着现在身上的装备,非压死不可!看来在后面几天的时间里,减重是一个大考题。

逼急了人也会跳墙

（2013年10月13日）今天一大早6点钟出发，双肩剧痛，强忍着把包背上，但这也不是个事儿啊——从深圳出发前，几乎把所有的困难都想到了，也做了好多处理预案，可偏偏没有想到肩膀上的事儿啊。那些历史学家运动学家说这说那，怎么就不说说红军的背囊和肩膀上的事儿？长距离的徒步，双肩的承重问题是个大问题！甚至比脚上的问题还严重！它会极大的削弱你行走的力量。

突然想到：当年的红军士兵负重多少？他们身上有什么装备？他们能不能随意减重？如果脚上不是像我这样穿着专业的徒步鞋，而是穿着草鞋走过39公里会有什么感受？

这一路恐怕要想的事儿还很多呢。

路过黄麟乡，看见一位大妈拉着一辆板车卖菜，突然有了一个想法：好多农村杂货店里不是有一种双轮小拉拉车子卖的吗？买一辆拉上不就解决肩膀承重的问题了嘛！

于都河边送红军

（2013年10月15日）今天到达于都，第一件事儿就是去买拉拉车，杂货店的叶老板就把我当成是推销员了——这很正常，因为来他家里买这种车车的人大部分都是推销员。

叶老板很自豪自己是于都人，他一再说：瑞金不是红军长征的出发地，于都才是！1934年10月16日的晚上，中央红军主力夜渡于都河，于都县城的居民，包括周围的老百姓，都自动赶来送行。于都河两岸，站满了送行的老百姓。

师永刚先生在《红军》一书中描述：10万红军，大多数士兵都是来自赣南，因为严格保密军事行动，老百姓们不知道部队要到哪里，只知道自己的亲人要出发到远方打仗

于都河边，当年百姓送红军时留下的红军亭（复制品）伫立在眼前。《十送红军》是一首当时广为流行的江西民歌，后人都以为它是专门为红军长征撰写出来的，而实际上它歌唱的是1929年底毛泽东和朱德率领下的红四军在第三次围剿中撤离井冈山时的情景。

去了。因为是夜晚渡河，行军部队都打着火把，送行的人也打着火把，依依不舍地唱着《十送红军》。

据说毛泽东比中央迟走了两天。1934年10月18日傍晚，毛泽东和警卫从于都出发。他为长征准备的行李是一袋书、一把破伞、两条毯子、一件旧外套、一块旧油布。之后他被安排与张闻天、王稼祥等人一起与第二野战纵队随行。

毛泽东当时正身患疟疾，出发时还处在半恢复状态，面带菜色，精力很差，情绪也很低落。

今天,在一个小邮政所里盖邮戳,遇见了好心的大爷。大爷看我盖的邮戳上没有"长征"字样,非常着急,他伸手拉着我说:一定要去邮政总局盖戳,因为那里的邮戳上有"长征"两个字。为了方便能够找到,老人家弯腰驼背地亲自带路去找邮政总局,一切办妥后,老人家笑咪咪地对我说:"小伙子,当年红军八万人从这里出发,到陕北时只剩下七千人了,路上三百米倒下一个,你这一路是去祭奠他们呢,他们都会从地下起来帮你的,你就放心大胆地往前走吧!

80年前,整个中央红军和苏区机关从这里往信丰而去,这是一次静悄悄的行动:一支蜿蜒长达60英里庞大而又杂乱的队伍在山间行走。国民党当局并不具体掌握这次战略转移的信息,在1934年的中华民国里,也许只有江西瑞金的相关民众知道这个行动,外部社会上基本无从知晓。

听里仁小学的老师说:1934年10月,红军主力离开江西后,有八万多江西妇女永远失去了丈夫,兄弟和孩子。

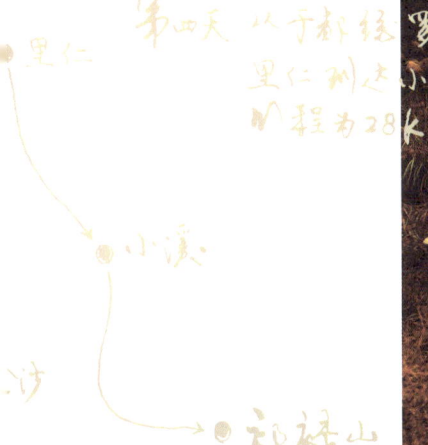

在于都罗田岩的河滩里，一辆90年代显赫一时的大奔在荒废的角落里黯然失色。附近有个驾校，今天在这里混了一顿午饭：驾校老张的媳妇炒菜，付了15元，青笋辣椒一级棒。

在江西于都的小溪乡，遇到了这个塔，它位于里仁小学的校园内，虽然破旧不堪，但塔身上的弹孔密密麻麻，依然清晰可见。

连续两天阴雨不断,桃江水位大涨,连鱼都淹死了。找不到渡口,这可咋整?当年红军是以伤亡3700人的代价渡过这条江,突破了第一道封锁线……可人家至少还有工兵架浮桥呀!

尿床的感觉

(2013年10月21日)到达江西信丰和广东南雄交界的大塘埠。

阴冷湿透的天气,让我找到了小时候尿床的感觉:每天外衣被雨湿,内衣被汗浸透,浑身上下湿漉漉的,晚上晾不干,第二天清早只好继续穿,走着走着衣服就被身体烘干了。

小时候特能尿床!每次一尿就是半床湿,经常是半夜三更把自己淹醒之后,又不敢跟大人说,怕挨揍!只好用半截被子把尿迹压住,然后身体睡在上面。一夜下来,这尿基本上就被身体烘干了……

自给的脐橙

（2013年10月22日）夜宿沛东村，住宿费30元，外加5元的晚饭。

晚饭时，老板娘听说我在走长征路，从后厨房里拿出四个脐橙来，说是自家种的，让我带在路上吃。

二〇一三年　十月二十日（周日）

今天是周日了，下雨，新田饭后一路向古陂。
今早突然有感长征路，写一段文字如下：

浩荡长征路，之于浩瀚天史，也不过是惊鸿一瞥，时间很短，天涯很远。脚下的一山一水，堪州安静地走完。这世上，任何地方都可以生根，任何一个去处，都是归宿；繁华尽头，寻一处无人山谷，造一座木制小屋，铺一路青石小路，然后与你：

　　晨钟暮鼓
　　煮酒茗香

今天走走路上还有一句感悟：天方，因为简单而心神怡远；地厚，因为善良而大道平坦。

由新田到古陂，才是长征战斗厮开的第一序列。计划川程如下：

```
        ○信丰              ○新田
                            /
              古陂○———○大桥
                   ↑
    大塘○←———○
              坪石
```

这一带，由古陂至大塘，是红军为首突破第一道防线的地方，这一线主要由粤军防守。南天王陈济棠有意让路，但双方还是爆发了激战。红军在这里最大的损失，就是彭德怀手下一员猛将洪超阵亡，这也是长征开始以来，红军牺牲的第一位高级将领。

二0一三年 十月二十一日（周一）

昨夜在一间小旅店里看《毛选》，一不小心把流量看完了。

早上海航5点出发，冒雨前进。

今天计划赶到大塘埠。（40元，参计划开支）

目的是去考查一下当年红军到底是怎么渡过桃江的。

红军从古陂、坪石一线投入大塘埠，这里离桃江咫尺之近。红军肯定不能从北边的信丰过江，而是从铁石口、大塘埠一线过江。到达大塘埠，先去邮局盖戳。然后去当地一间名叫春晖的小旅店住下，跟当地人打听到：从沛东村去桃江边最合适，一路大约5公里，大雨滂沱走到了桃江边。发现这里至今无桥，甚至半修公路也就是说：一个人沿当年红军过江的线路进入广东有些难度，但如不从从桃江上过去，就必须绕路40km

如图所示：

这个地方的历史地名是什么？

在碑石到信丰之金路口上有人题词。

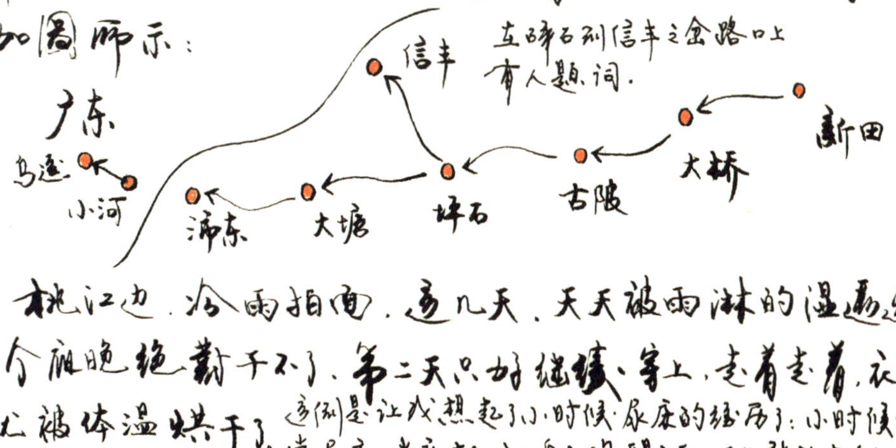

广东 乌迳 小河 沛东 大塘 坪石 古陂 大桥 新田 信丰

桃江边，冷雨扑面，这几天，天天被雨淋的湿透，一个夜晚绝对干不了。第二天只好继续穿上，走着走着，衣服就被体温烘干了。这倒是让我想起了小时候尿床的经历：小时候，经常尿床，半夜过了，把自己泡醒之后，又不敢让大人知道，只好用一半被子把湿的尿迹盖住，然后身体睡在上面。

由江西进入广东南雄的乌迳，传统与现代共存，丰富杂乱而又充满了商业气息。在乌迳的邮政所里盖邮戳，一个广东小伙儿不厌其烦地问我盖这邮戳到底想要干什么？我告诉他我在重走长征路，他听了更加不解："丢！长征跟你有什么关系？"

在广东南雄邓坊镇的一个角落里,"信仰"被如此生动地堆积着。改革开放30年,我们正在以举世震惊的速度创造着财富,也在以前所未有的姿态寄托着理想。

真的是劫匪，还是在演戏

（2013年12月17日）由邓坊经梅岭到大余，等于又是从广东绕进江西了。

没法子——当年红军怎么绕我也只能跟着怎么绕，然后经崇义过关田、古亭到达湖南汝城，再经三江口绕回广东城口，再然后直奔仁化乐昌而去。

今天在梅岭珠玑古巷子附近，终于遇到了那个想要劫我的人。

当初从深圳出发的时候，老橙子就曾预言说我在路上会遇到劫匪。我信他说的，也预想劫匪可能出现的方式，但怎么都没想到是今天这幅场景：中午，我在老屋场的一家小餐馆里吃饭，旁边有一桌男孩儿在打麻将，突然有个小伙儿一歪屁股就坐在我这桌边上了。看他那样子也还蛮有礼貌，慢声细语地问我从哪里来？几个人来？是旅游还是做什么？我当时倒也没在意，实话实说：我是来走长征路的，一个人走，已经走了一个多月了……一听说我在走长征，他倒来了兴致：滔滔不绝地说起他家附近的山上就有红军打过仗的古战场，还说红军将领刘伯坚就是在那里被抓的，之后国民党军在那一片儿埋过好多红军伤兵……临了小伙儿还问我想不想去看那古战场，我说"今天要赶路，下次吧……"然后买单准备走人。小伙儿挺热情，帮我把背包背上，还掸了掸包上的灰土，跟我提醒道："一个人出门，别搞得这么夸张，注意安全……"我也谢过他的好意，谁知就在我刚一出门的那一刻，他突然很平静很低声跟我嘟囔了一句："本来，我们今天是想要劫你的！"那一瞬间，我有一种强烈的不真实感：如梦如幻，以至于走出去一两公里，都还没醒过味儿来。

晚上回想起来，倒出了一身冷汗。难道这就是老橙子预言的那一劫吗？总觉得不是，但心里又希望就是。

前方的路程杳杳无期，还指不定会遇到什么事儿呢。

红军舅舅，一路上保佑我吧！

湖南汝城，烈士公园旁，一辆老式运煤车在地下车库微弱的灯光下泛出陈旧的光泽。就在它的旁边，是朱德曾经升起红二师军旗的地方。这汝城绝对是地地道道的赤色小城，走在城中，随便用脚一扒拉就能扒拉出一点大革命时期的遗物来。只可惜这沉甸甸的小城在举国上下一片旧改的风声鹤唳中变得日益轻浮起来。

汝城有很多属于它自己的千年不换的宝贝疙瘩，但汝城人自己却并不晓得，眼看着这城中最美的风景正在毁于一旦。

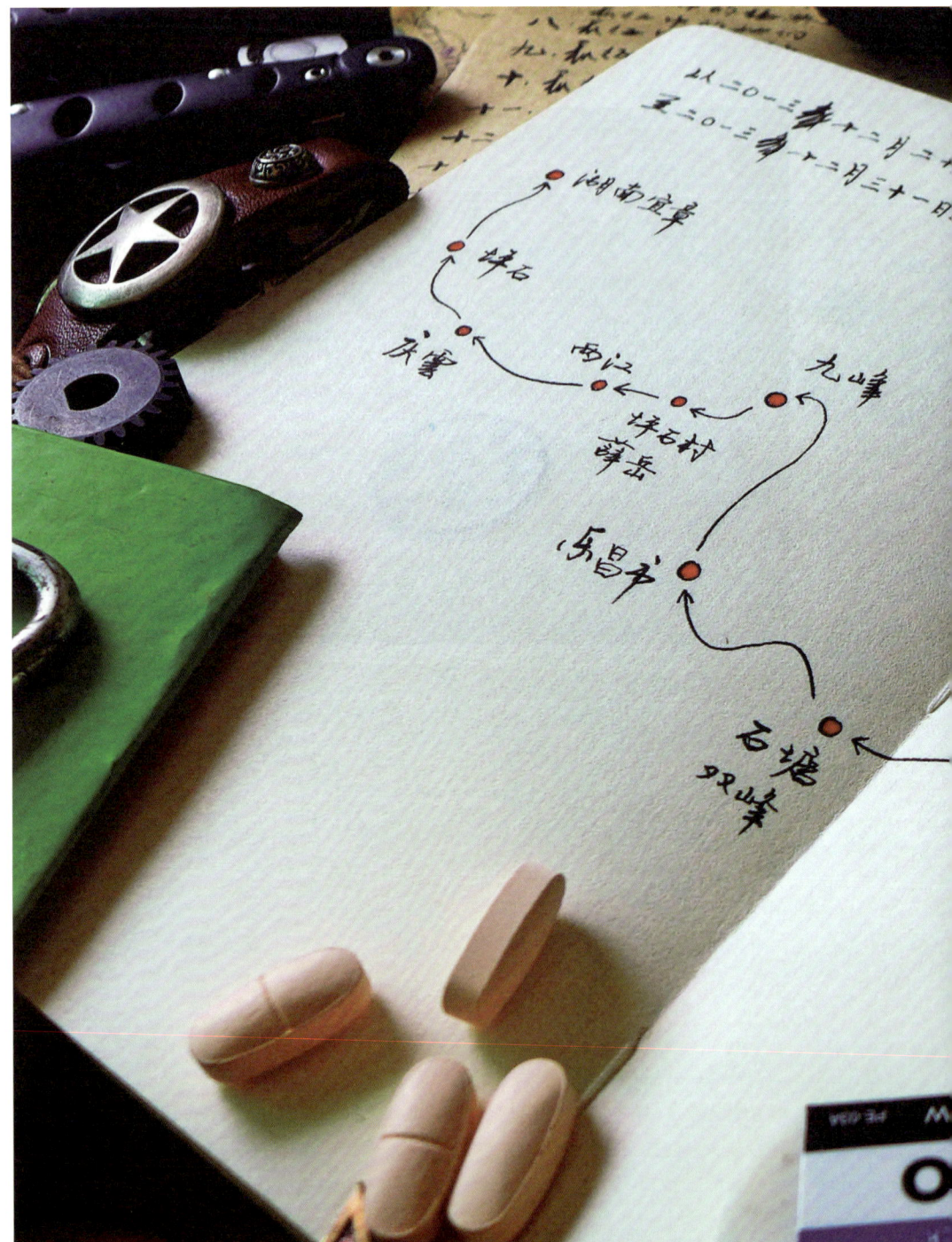

广东城口,一堵即将坍塌的老墙被怪异勉强地支撑着。

老墙里尘封的故事

(2013年12月24日)这里曾经是广东军阀陈济棠和湖南军阀何键私下里会面谈事的地方。1934年10月份,当中央红军路过城口时,陈济棠只是命令士兵象征性地朝天空放了几枪,算是对红军做送行式的驱赶。

也难怪1990年,当陈济棠的儿子回大陆来讲学,邓小平专门接见了他,并说了一句很中肯的话:你父亲对于中国的革命事业和解放事业是有贡献的!

普京的画像跟中国的"爱"字挂在一起,形成一道独特的风景。

普京的"硬爱"哲学

(2013年12月25日)普京是个很强硬的政治家,他的爱也许是一种"硬爱"。

两年前,几名俄罗斯的军事教官跟中国学生讨论起"边界"的含义来,中国学生说:边界就是由山川、湖泊、河流构成的国家界线……俄罗斯教官一字一顿地给出了俄国人的观点:边界,就是上一场战争的结果,边界是打出来的,士兵的皮靴踏到哪里,刺刀顶到哪里,哪里就是这个国家的边界。

俄罗斯有这样的军事教官一点都不奇怪,因为普京就有一句话搁在那里:俄罗斯的土地十分广阔,但没有一寸是多余的!

广东乐昌双峰寨,一群乡村少年正在他们心中的超级玩具上爬上爬下。

这玩具曾经是这里烈士纪念园的一部分,因为长期无人管理,纪念碑下的战斗机已经成了古寨门前的另类雕塑。

第十七天．由湖南汝城、大坪、三江口到城口 35

第十八天．由城口入广东仁化 34km

第十九天．由仁化到达石塘镇（98峰）18km

第二十天．由石塘镇到达广东乐昌 36km

第二十一天．由广东乐昌到达乐昌九峰镇 32km

林彪在薛岳家门口被撞了下腰

（2013年12月29日）这两天在乐昌县的九峰山里，九峰山，山不大，盛产蜜桔，顺便还出产了一位抗日名将薛岳。

一不小心竟绕到了薛岳家老屋的门边儿上了。

薛岳，外号老虎仔，从小就敢跟大人争强斗狠。在国民党内论资历，薛岳原本是可以跟蒋介石平起平坐的，当年站在孙中山身后的四大贴身侍卫官：一位是陈可钰，一位是叶挺，一位是张发奎，还有一位就是薛岳。

所以从某种意义上说：薛岳跟了蒋介石，实际上是下嫁了。但话又说回来，在那个年代里，光做一介武夫，手里没有自己的地盘儿等于一切都白搭！蒋介石要借追剿红军之机灭掉各地军阀，这一点也暗合薛岳的心思：因为薛岳很清楚自己在当时的中国版图上的位置，东北华北西北华东华中根本连门儿都没有，只有红军长征沿线的西南地区有利可图。而老蒋也确实没有亏待他，在完成了几千公里对红军的追剿任务后，蒋介石象征性地真把贵州交给薛岳玩了几天。

林彪是毛泽东手下的一员虎将，号称是红军将领中一只年轻的鹰，打仗一向是以精准狠著称的。但是当年红军长征路过乐昌九峰山的时候，林彪突然变得异常迟钝起来，用后来的军事评论家的话来说：就是犯了一回晕！这事让聂荣臻元帅回忆，当时也很蹊跷：按理说红军大部队要从乐昌境内通过，作为护卫先锋的红一军团想都不用多想，第一个战术动作就是应该抢先拿下乐昌北部的九峰山。而林彪当时并没有把九峰山看得有多重要，只是一味地寄期望于中央纵队快速通过即可，直到后来聂荣臻几乎跟他拍桌子吼了起来，他才勉强同意由左权参谋长组织一次小范围的侦察，结果这一侦察不要紧，消息报来，林彪脖子上的冷汗都吓出来了！敌军已经从九峰山的另一边都快爬到红军中央纵队的头顶上了！一急之下，林彪赶紧调用了当时红一军团最强悍的耿飚红四团，命令不惜一切代价，玩命也要把九峰山给抢下来！

那天狂风暴雨，耿飚正在发疟疾，他是一边打着摆子一边指挥士兵拼命往山顶上冲的！据说当时很多小伙子累得口吐血沫，但就是这样也还是抢先冲到了山顶。

这事儿直到后来还被已经当上了国防部长的耿飚屡屡提及：林彪当时很有可能是过于疲惫，再加上身体长时间处于饥饿状态，所以判断力和决断力都有所下降。

不过九峰山上的老百姓另有一套说法：他们说当时林彪刚好就驻扎在薛岳老家的祖屋附近，而薛岳当时又正好是追剿红军的主将，所以林彪是被陷在薛家祖屋的气场中了，命冲薛门，于是连薛岳的祖宗都来帮忙了……

这些民间传说权当笑话听听，但林彪当年在这里差点铸成大错倒是真的。

薛岳抗日够狠，独创天炉战术，威名远扬，日本人一心想要除掉他。1939年，薛岳回九峰山为父亲奔丧，日本人专门组织了一次大规模的飞机轰炸，结果因为地名差错，白白把几千枚炸弹扔到另外一个地方去了（薛岳家是九峰镇坪石村，九峰人称小坪石。而离九峰镇不到七十公里的地方还有一个坪石镇，九峰人称大坪石，飞机狂炸的是大坪石）。

薛家因此躲过了一劫。

另外，九峰人还有一个传说：因为红军二万五千里的长征基本上是被薛岳追出来的，所以很多红军将领恨薛岳，1949年就在中国人民解放军第四野战军快要打到海南岛的时候，有个别解放军将领想要平掉薛家的老屋，理由是：当年毛泽东湖南老家的祖坟就被薛岳的哥们儿何键给掘了，要报仇。但毛泽东一句话：薛伯陵抗战有功！这薛家的老屋就给留下来了。

不管传说是真是假，乐昌市政府已经把薛岳故居定为国家保护建筑倒是确实的。现在这薛家老屋和薛氏祠堂就矗立在广东乐昌九峰镇坪石大路下村的村子里。

今天,到达湖南蓝山的新圩镇。

38岁的农民希望能站在自家刚刚盖起的新楼前留一张影,他告诉我说,这两栋小楼是花了六年的时间才陆续建成。当年的红军,就从他家门前的山路经过。再往前10公里,就是嘉禾县的塘村镇了,那里有个萧家田村,开国上将萧克的老家就在那里。

湖南宁远天堂镇，这里有一个全世界最牛的贸易集市——天堂牛市。

这个小镇子的所有机构和单位都有一个超级好听的名字：天堂小学，天堂加油站，天堂派出所，天堂客运站……我拍照时，一个"天堂宝宝"正站在琳琅满目的天堂商铺前指手划脚。

最令人无语的，是这个小镇偏偏没有天堂邮局——盖不上天堂的邮戳。

这一路,丑陋不堪的"农民别墅"绵延不断,让人郁闷透顶,真可谓是一场视觉强奸:和大自然毫无和谐,和人群毫无亲近,就那么直不愣登巍然突兀地耸立着,纯属"傻小伙儿睡冷炕"的类型。我一路走着一路看着一路想着:在这样的环境里长大的孩子,还能有一种天然的感悟力吗?这种傻大黑粗的建筑一丛挨着一丛组合在一起多像一堆魔窟堆出的废墟呀。以后逛街赶集真的可以称作是来"赶墟"的了。这些"农民别墅"一定会跟城里丑陋的建筑一样,最终影响着下一代的心智,想象力和创造力。

没有了房屋与自然和谐交融的美感,我们怎么产生沈从文,郁达夫和徐志摩?

奶奶的奶

(2013年12月31日)昨天在乐昌庆云乡的土寮佳村,被乡间的一幅广告狠狠地幽了一默:我不经意地靠坐在一堵土墙边栽了个盹儿,结果后背竟粘了一个巨大的"奶"字儿……刚开始还不知道,后来在一家小餐馆吃饭时,好多人看着我笑,知道有问题了,半天也想不起是怎么粘上这个字的,后来反应过来:原来我栽盹儿时靠的那堵土墙上有个巨大的猪饲料广告,上面有"母猪吃了产崽多奶水足"的字样,我肯定是刚好靠在"奶"字上了……奶奶的,真够寸的!

我们建造了房屋，房屋造就了我们

（2014年1月11日）从道县到仙子脚镇总共不过30公里，但这一路狂风大作，整整走了12个小时。

从明天开始，就进入广西了，因为仙子脚镇距广西永安关只有区区7公里。过了永安关，就是广西灌阳了——当年的中央红军就是从这里突破永安关，然后扑到湘江边，开始了无比惨烈的"湘江血战"。

一路的长征，最大的痛楚就是人们对那段历史的集体遗忘。

这种遗忘将会让我们丢失了对历史的信任，导致我们对未来的不信任，对未来投入的不信任，以及对未来献身的不信任。

先人的遗迹，历史的故事，就像一根根羽毛，被我们自己烧了，埋了。以后还拿什么去编织未来的翅膀？如何去飞翔？我们没有了对过去的敬畏，谈何对将来的向往？

很多文化人，显摆着对历史对文化对先人的质疑能力，却很少有人能踏踏实实以客观的历史情怀去走读那段艰难的岁月。

难道中国的学者只有通过虐骂祖宗才能找回一点文化的自信？

湖南道县，程朱理学大师周敦颐粗糙的雕像伫立在静静的潇水旁，相比之下，温婉流长的潇水倒是更像湖南女子那么脉脉含情。

悲情道县

（2014年1月9日）道县县城其实是有点悲情城市味道的：80年前的中央红军在这里曾做过一次痛苦的选择——毛泽东当时人微言轻，手中无职无权，说出来的话也无人理会：他坚决反对由此往西过湘江，但李德和博古只拿他的话当几句牢骚来听，最后几乎把中央红军完全葬送在潇湘之间。

从广西灌阳的文市镇到兴安县的界首镇,这是当年红军长征牺牲最惨烈的一段路,长征史中最险恶最血腥的湘江战役就发生在这里。

三年不喝湘江水,十年不食湘江鱼

(2014年1月13日)到达广西兴安界首。1934年初冬,正值湘江的枯水期,刚刚突破了三道封锁线的先头红军得以顺利涉水过江,但后续部队却因道路狭窄,辎重过多,未能及时抢渡,遭到湘军和桂军的围攻。红军大部队在突如其来的打击下毫无还手之力,碧绿的湘江水,转瞬之间变成一江血水。

据说当时的红八军团政委罗荣桓冲过湘江后,身边只剩下了一个小通信兵,肩膀上还扛着一个油印机。望着红彤彤的江水,罗荣桓禁不住失声痛哭。

十几天后,红八军团整建制被取消。

湘江一场血战,红军由出发时的八万六千人锐减到三万多人,近五万具红军战士的尸体漂在了湘江上,兴安一带流传着"三年不喝湘江水,十年不食湘江鱼"的歌谣。

过了湘江,死里逃生的人们接着就面临了猫儿山的考验:这二百多公里的山路又刨掉了很多战士的性命,其中摔死的和累死的占大多数,另外还有近千人掉队离队,或留在当地娶妻生子……实际上,继续长征上路的人员已不到三万人了。

而后面的路途中还有一万多张死亡名单在等候着他们呢。

湘江血战给中国一代军人的心里抹上了一层挥之不去的阴影。不过,这场战役倒也在客观上促使红军上下要求换帅的呼声达到了顶点,为毛泽东日后重新出山,再掌军权铺平了道路。

曾有两位外国将军对中国军人表示过极大的不敬:一位是蒋介石的德国军事顾问塞克特,另一位是朝鲜战争的美军主帅麦克阿瑟。他们都曾在不同的场合对中国军队使用过"屠宰场"这个词。1934年11月24日,当塞克特知道中央红军过了道县,进入潇水和湘江之间的地域时,兴奋地对蒋介石说:我们终于把红军赶进屠宰场了!16年后,美军进入朝鲜,刚刚建国的中国政府曾严正警告:"如果美军越过三八线,中国军队不会坐视不管!中国政府说话算数!"当时的美军司令麦克阿瑟听后调侃了这么一段话:"中国人能管什么……中国人什么时候说话能算数?中国人如果派兵入朝,这等于是把他们的军队赶进了屠宰场。"

也可能就是这一次又一次"屠宰场"的说法,让毛泽东深信一点:在战场上得不到的东西,永远休想在谈判桌上能够得到。

长征是一次不折不扣的锻造强悍军人基因的过程,据不完全统计:后来在朝鲜战场上敢跟美国兵死磕到底的中国军人有百分之七十以上的团级干部是来自于长征。

长征是一个绝地反击,起死回生的长征!

伟大并不在于永不失败,而在于历尽挫败之后依然能够重新崛起,再次走向辉煌!

长征的伟大是煎熬出来的。

中国爷们儿别哭了

(2014年3月1日)到达广西兴安。

最近不知怎么了,但凡出点事儿,中国的老少爷们儿都喜欢一个哭字了得!

云南暴徒砍了几个人,于是"昆明不哭"的声浪便不绝于耳。再看网上微博微信,大家哭来哭去地微个不停。当昆明火车站血流成河时,我们不禁要问:当年大汉男人的那股气节都到哪里去了?从卫青去病的"大漠风尘万里遥",到后来麟阁自忠的"枪风血雨笑看刀",朗朗乾坤里华夏汉子们的气魄都到哪里去了?"天佑昆明"、"昆明挺住",整个民族都挺不住,昆明挺住有屁用!

这个时代,人人都很聪明,人人都很智慧,人人都能抒发人生大爱养生防衰的警句格言,但一旦利益当前，危机当前便马上人人自危！想想八十多年前的那群长征汉子，想想他们贫贱不移的信念，富贵不淫的品格，威武不屈的刚强，不觉得我们整个民族基因都在退化吗？

我们的家长看见老师给孩子们讲点历史上有骨气的事儿就吓得六神无主，总以为是在给下一代灌输暴力色彩，我们的老师也只会为待遇不公或利益受损流下伤心的眼泪。放眼天际，还有几个男人能发出"乾坤浩荡，舍我其谁"的呼声？大家都在快男超女的温柔情水之中漂来荡去。

中国这么大，人心这么杂。如果中国的男人再没有一点血性，再没有一点担当的情怀，再没有一点坚信的信念，那这个民族只能在一种变形的激素刺激下，长成一个没有骨头没有脊梁的大胖子，又像当年的日军悍将坂垣征四郎所说的：泱泱支那，一盘散沙！

金一南先生说：80年前的那些少年，他们以自己幼稚但不乏热血的气节去探知历史的深度和宽度，那是一个血气方刚的时代：无一人老态龙钟，无一人德高望重，是年纪轻轻就能担当大事，年纪轻轻就丢掉性命的年代！我们可以说那个时代不富足，不美满，不开放，不安宁，但我们不能不惊叹于那个时代少年们的光荣与梦想，还有他们的热血与献身，不能不惊叹于那一群少年的胸怀和气概！

中国的爷们儿，三八节又快到了，拿出点精神来！女人还要靠咱们撑腰呢，光靠哭和抱怨啥也解决不了。炫耀自己得到了什么，抱怨自己失去了什么，那只是类似太监梦中的意淫。不如安静的时候想想为这个国家为自己的后代担当了什么？

一支宝剑如果失去了锋利，即使打造得再漂亮也只能挂在博物馆的灰墙上。

一群男人如果失去了信仰，肌肉再健壮也只是一伙乌合之众。

担当生前事，何计身后评，这人间缺失的，就是一股英雄气在纵横驰骋！

在广西老山界的猫儿山顶,伫立着一组美军飞行员的雕像。在抗日战争时期,美国陆军第十四航空队375轰炸中队的一架B-24轰炸机不幸于1944年8月30日在猫儿山顶撞山坠毁,十名机组成员全部遇难。直到1996年10月2日,这架飞机的残骸和部分人员的遗骨遗物才被发现。

曾经的纪念雕像被搁置在了一个无人问津的角落。

在中国的近现代历史上,有太多的苦难,太多的挫折和太多的失败可以讲述了,人们是多么需要一场真正属于自己的胜利来鼓舞,来滋养,来提振那股衰弱的精气神啊。

茨威格在陈述他为何要写《人类群星闪耀时》的理由时称:"正如在艺术上一旦有一位天才产生就会流芳百世,这种具有世界历史意义的时刻一旦发生,就将决定几十年甚至几百年的历史进程。就像避雷针集中了整个大气层的电流一样,那些数不胜数的事件也都往往挤在最短的瞬间内发生。那些平时慢悠悠、按顺序发生的事件,也都往往压缩在这最短的时刻发生。这一时刻对世世代代做出不可改变的决定,它决定着一个人的生死,一个民族的存亡,甚至整个人类的命运。"

从某种意义上说:长征中的"通道转兵"就具有这样的闪耀效果。

通道转兵

（2014年3月14日）到达湖南通道。

长征史中，在湖南通道发生的"通道转兵"可是件大事：当李德和博古还在为湘江血战期期艾艾地找各种借口时，红军高层将领已经在酝酿着新的前进方向了。

历史就是这样：当一段进程被阻逆在特定的历史阶段时，总会有下一个关键人物的出场来改变它的格局。

"湘江血战"在客观上为红军高层换帅提供了特殊的可能。历史就是这样：一个死扣伴着一个活结儿，无休无止地互为因果。

有时候，庆幸自己没有生在80年前，没有经历那生不如死的炮灰年代。

但更多时候，又懊恼没能与那群孩子同龄，没能经历大旗飘摇绝尘而去的轰然一刻。

在通道会议上，中央"三人团"总算是第一次认真讨论了已经被边缘化很久了的毛泽东的意见，这跟周恩来所持有的立场是分不开的。但历史的巧合是：刚好这一天李德因为疟疾缠身，不得不中途退场，这就为中央红军放弃原来的计划而采纳毛泽东的建议提供了千载难逢的契机。

坐在湖南通道县溪镇恭城书院的台阶上，我突然感受到了前所未有的孤单

天涯不远，一步之遥

（2014年3月16日）到达湖南通道县溪镇。

去年12月，远在美国的大哥张俊东听说我在徒步长征路，特意打电话来说：一定要去看看他爷爷，去看看长眠在那里的489名烈士。站在爷爷的墓碑前，焚一炷香，敬一支烟，说一声：爷爷，我们看您来了！

寥寥几语，却心生哽咽。

一个人的长征和一群人的长征还是不同：一群人走在一起，说说话儿，聊聊天儿，没什么感觉就蹽出去十几公里了；一个人走路，老是忍不住关注公里数和身体上的感觉，仿佛每一块公里碑的出现都显得弥足珍贵。

在播阳镇,一个侗族的小女孩儿听说"大哥哥"在走红军路,不由分说地把奶奶临去世时留给她的两枚古钱币分给了我一枚,说在路上可以辟邪。

一个人的长征在路上,几十天不跟人说话也不跟人交流。走到30公里以上,就会觉得脚掌上的肉垫完全剔除,每一步都是骨头直接杵在了地面上。

其实,真正的孤独并不是一个人的寂寞,而是在都市无尽的喧哗中丢失了自我。就像是处在一个人的静夜里,漆黑的群山,望不见元朗的灯火,那才是了无头绪的茕茕落寞。

贵州黎平德顺乡，满目的油菜花如同上帝把染料泼洒在了人间，这景象让人想起了与长征同时的那个年代，那个被西方人曾称之为中国的"黄金年代"。

金黄无价的黄金时代

（2014年3月18日）到达贵州黎平德顺乡。

师永刚先生在《红军》书中说：1935年的3月间，当中央红军还在为下一个生命的出口孜孜探寻，中华民国历史上的重要角色均已陆续登场，并在文化上创造了一次繁荣。

胡适，梅兰芳，李叔同（弘一法师），沈从文，徐悲鸿，曹禺，梁漱溟，张元济，黄炎培，林徽因，梁思成，郁达夫，林语堂，冯友兰，巴金，吴清源，俞平伯，费孝通，齐白石……仅列出这份名单就可以对那个年代鞠躬了。

30年代的中国知识分子，已呈现了思想的两个分支：一群人集体倾向纽约，另一群人则视莫斯科为圣地。这两种选择成了国家30年代思想界与军事家们的主流生活。

斯诺说："中华天朝的红军在地球上人口最多的国度腹地进行着战斗，九年来一直在严密的新闻封锁中而与世隔绝。"

一帮行进在路上的穷棒子们，正在寻找着中国的"历史方向感"。苏联来的顾问们显然不是这个方向的制定者，而纽约飘撒的美元显然也无法解决中国的问题。

红军医院：开刀基本靠捆，手术基本靠忍

2014年3月18日，在贵州黎平的德顺乡，见到了当地百姓口口相传的红军屋，这红军屋现在已经变成了老乡家的养鸭房。

当年的红军屋曾经是红军战士的临时医院，李耀宇在他撰写的《一个中国革命亲历者的私人记录》的文章里这样描写过医院里的场景："一般的疾病主要靠中药治疗。有伤病员发作腹痛，浑身大汗，呼天抢地叫唤着。老中医让护士赶紧研磨墨汁，又找来一颗步

在贵州黎平的德顺乡,见到了当地百姓口口相传的红军屋,这红军屋现在已经变成了老乡家的养鸭房。

枪子弹,拔去弹头,把弹壳里的火药倒进墨汁,马上给病人灌服。一会儿,闹病的伤员就从竹床上爬起来,抹一把脸上的冷汗,咧嘴一笑,好了,肚子不痛了。"

长征过程中,药品和医护用品匮乏众所周知:没有纱布,士兵腿上的绑腿都变成了绷带。没有敷伤口的软膏,就只好熬化猪油来代替,伤员的伤口发炎,溃烂,化脓,生蛆绝对家常便饭。

麻药奇缺,给伤员开刀,一律不施麻醉,完全凭伤员的忍耐力来强行手术,经历过的人管这叫"活宰生割"。

共和国的开国中将钟赤兵曾三次经历这样的折磨:娄山关战斗,他的小腿被机枪打碎,第一次锯腿是从膝盖以下,医生从当地老乡家找了一把破木锯,无麻药,靠着几个大汉强行按住来完成。谁知锯完后伤口感染了,只好进行第二次无麻醉锯腿,从膝盖以上锯,又是一次死去活来的过程。但不幸的是伤口再次感染,只好第三次从大腿根儿上锯……三次无麻药的生割活锯让彭德怀备受刺激,据说彭老总跺着脚在院子里骂了一天。

当年陈毅因为髋骨被子弹打碎了，无法跟随长征，只好在梅岭一带的原始森林里过着野人一样的生活。他每天有一件重要的"公务"就是对自己实施手术：由于髋骨的碎片在体内刺痛难忍，他只能用树根把大腿绑在树上，然后用两根树枝当"镊子"，探到伤口最深处，凭感觉把碎骨一点一点地夹出来。据说每次"手术"后，血水脓液能挤出半脸盆……

开国大将粟裕更惨：胳膊中弹贯通，动脉被打断，鲜血喷出一米多远。在后来的保守治疗中，这老兄不但经历了"刮骨"之惨痛，还要把破蚊帐剪成碎条，用盐水浸泡，然后从伤孔的入口伸进去，再从出口拉出来，来回穿梭，防止长出不良的肉芽……而这一切都是在无麻药的状况下生割活忍之下进行的。

听张闻天的夫人刘英回忆：长征中最惨的还是那些女孩子，1935年9月过沼泽地，有一回半夜下冰雹，四处漆黑伸手不见五指，在齐腰深的黑泥水中泡了一夜，雪山化水冰冷刺骨，女孩子们凄厉的惨叫声响彻夜空，有些女孩儿从此失去了生育能力。

在长征到达毛儿盖准备过草地时，周恩来高烧不退，一直昏迷，后来确诊为肝脓疡，在那种条件下，做穿刺、开刀都不可能！战士们只好跑到几十公里以外的雪山上取来了冰块，敷在他的肝区上方，过草地七天七夜，周恩来三天粒米未进，后来硬是排出了半盆子绿色的脓，才慢慢脱离危险。不过周恩来40年后最终还是没有逃过这个病魔。

而另一种死亡则更让人心酸。由于长征途中部队规定不能多吃，红军战士长期过着饥饿生活，没吃没喝，胃已萎缩了，在宿营地里一下子吃硬饭，或者吃得过多，都有可能被撑死。就有战士因为吃多了被撑死的，疼得在地上打滚，那场面很吓人。

六岁的小苗女邰银萍一边从地上揪小野花往自己的头上插,一边平静地告诉我:她看见一群放火的妖怪了……并说它们放完了火还在南坡上面吃东西,然后翻过南坡飞走了。小姑娘说得一本正经,我跟她去看了一眼:那南坡真的是一片乱坟地呢!

在瓮安猴场附近,遇见了满脸笑容的陈国富。老陈家里有三台拖拉机,但他还是喜欢赶着牲口去镇上办事儿,他觉得牲口有灵性有感情,一起走山路不会发闷。

灵异的报京乡

(2014年3月27日)过了剑河,就是岑松镇,报京乡,金堡镇,再往北就到达贵州的名城镇远了!报京乡是一个典型的苗乡,这里刚经历了一场火灾。有一百多户人家的大寨被烧了个精光,可惜那些百年的老房子啊!

没得选,也是一种快乐

选择是一种目标散乱的纠结体验,在喧闹的都市里,很多痛苦都是来自选择的迷乱:选择扔给我们太多想象的可能,却让我们丢失了路途中实实在在的坚定。

没走长征路之前,总以为80年前的那群男孩儿女孩儿天天跋涉天天遭罪天天牺牲,对他们的坚韧和勇敢充满着敬畏;而今,我在这每日每夜没得选择的过程中,突然感受到了他们很另类的一种快乐:生存方式没得选,生活方向没得选,甚至连生死都没得选……在那人生理想纯净单一的旅途中,是不是也能获得丰盛欢畅的快乐呢?

多少次在地图和沙盘上的来回推演,多少次和超级军迷争辩得面红耳赤,但这次不是在做梦呀,是真的可以在这经典的战场上走一回啦!

战役难度系数最高考核:四渡赤水

(2014年4月8日)终于到达贵州遵义了。

从广西兴安经湖南通道,再由贵州黎平,剑河,镇远,施秉,黄平,瓮安到达这里,约有1200公里。

每天晚上趴在床上清点公里数,就像一个老财迷在数银子一样:每一毫每一厘在地图上的延伸,都很像吝啬鬼在梦中听到银元碰撞清亮的脆响声……从现在开始,就正式进入四渡赤水古战场了。1960年,英国二战名将蒙哥马利来北京拜访毛泽东,当他以无比崇拜的口吻盛赞三大战役时,不料毛泽东却说:四渡赤水才是我的得意之笔。

的确,在毛泽东所经历一系列"高难度战役指挥考试"中,四渡赤水属于难度系数最高一档。

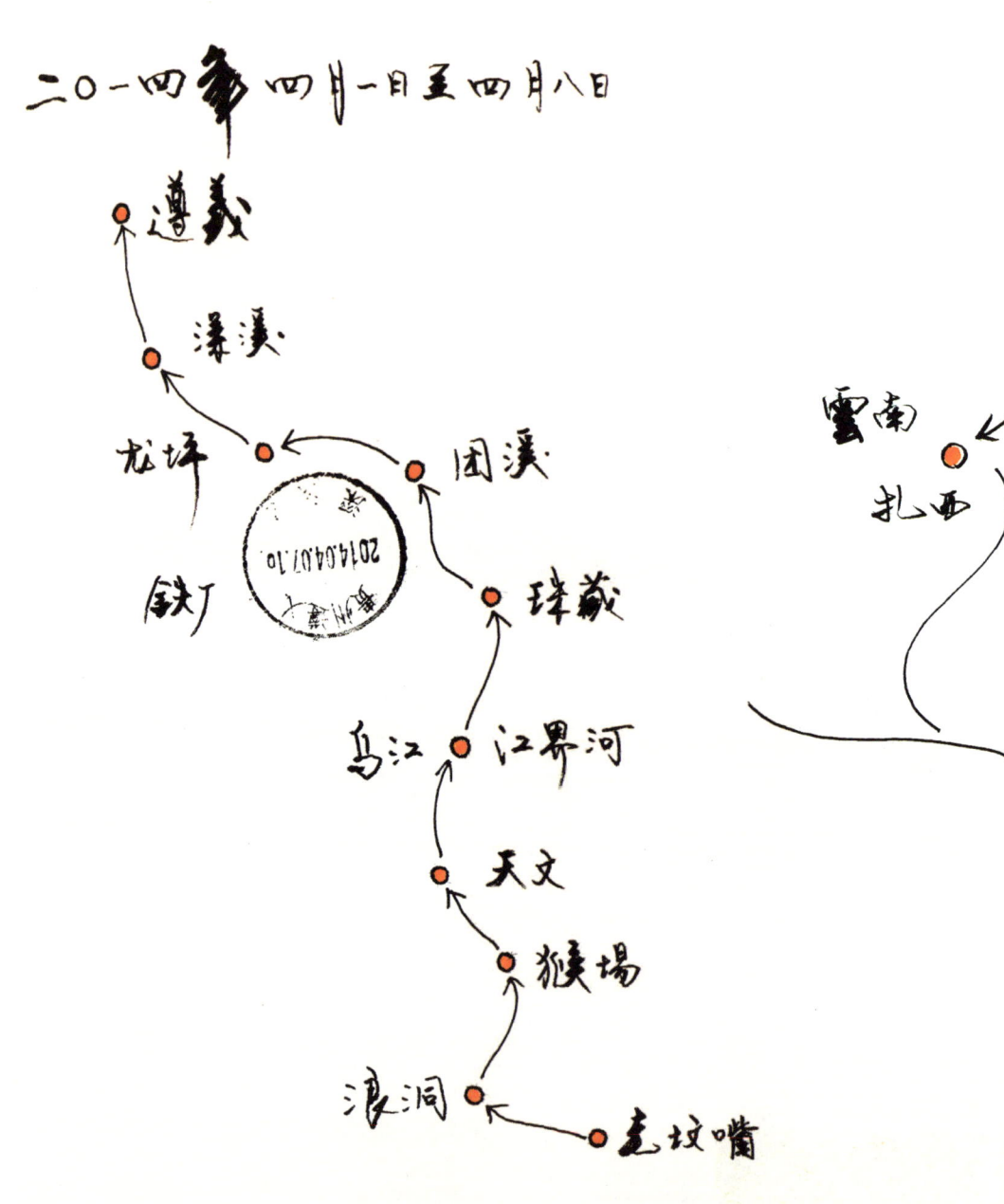

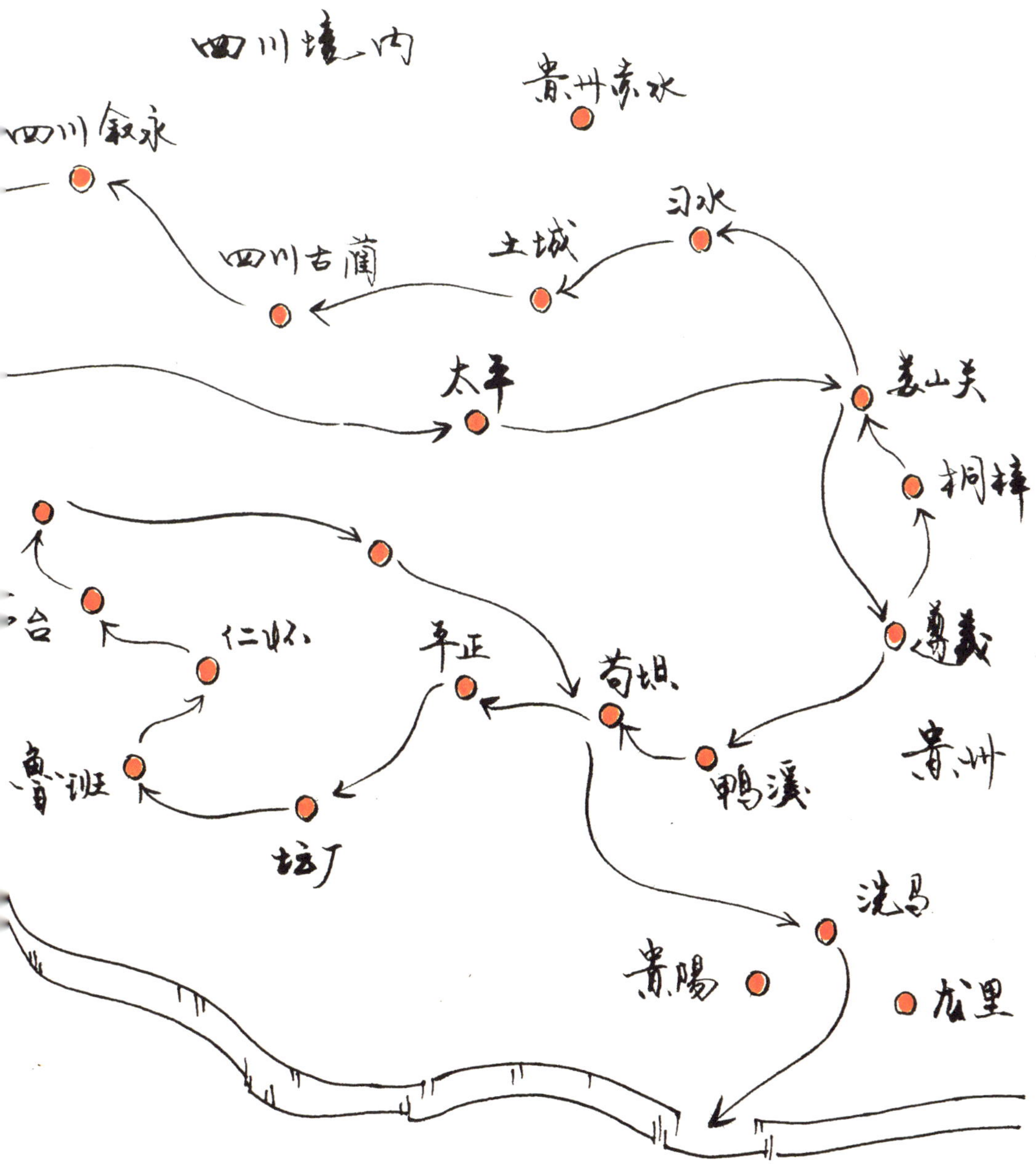

四川境内　　貴州赤水

四川叙永　　　　　　習水
　　四川古蘭　土城

　　　　　太平　　　　　娄山关
　　　　　　　　　　　　　桐梓
　　　　　　　　　　　　　遵義
　仁怀　平正　苟坝
魯班　　　　　　鴨溪　　貴州
　　坛厂
　　　　　　　　　洗馬
　　　　　　　貴陽　　龍里

在贵州遵义的鸭溪镇,一匹栗色的马在青翠的草地上享受着初夏的清凉。看见这匹马,就想起怀斯的那幅油画:阴郁铅灰的天空下,有一列火车从远方驶来,铁轨被橘黄色的车灯映得雪亮,一匹栗色老马迎着火车,义无反顾地向远方冲去⋯⋯

遵义因为"转折"的意义,更被今人赋予了一层"转运"的色彩。人们过多关注了转折的形态和后果,而忽略了转折的条件和前提。

今天在四川古蔺德耀镇,遇见了一辆"新世纪"的运输工具,最好笑的是,我仅在"新世纪"旁边站了几分钟,接着就发生了戏剧性的一幕:这"新世纪"的主人是一位六十几岁的老大爷,他在车里拉了一头种公猪,走乡串寨地吆喝着配种,我刚在车旁喘了一口气儿,就有一个胖大的村妇斜跑过来径直问我:配一下要多少钱?

差点儿就反问她:您这是问猪呢?还是问人呢?

人情温暖飘走了

（2014年4月14日）这一路长征，我曾遇到过无数人的帮助和祝福。但最难忘的还是这位"苟坝大叔"，他是一位退伍老军人，当得知我在重走长征路时，他不仅带我去认识很多村子里的长征后人，而且还热情地邀请我去他家里吃午饭。因为他的这份热情，还惹火了他家的儿媳妇，儿媳妇骂他把这个家当成了饭馆旅店，什么人都往家里领。

面对后辈人的世态炎凉，苟坝大叔长叹一声：过去人和人之间的温暖都到哪里去了？

鉴定女红军

（2014年4月25日）在龙山镇，58岁的徐大姊对我说，听奶奶说当年的红军过龙山时，还有很多女兵在里面，很多当地的妇女见到长征中的女红军都非常惊奇，她们不敢相信眼前这些短头发穿军装皮带上挂手枪的人真的是女人，后来把女红军带到家里摸摸她们的胸脯，跟着她们去茅房，才消除疑虑。

红军都是老人家的事情了

（2014年4月27日）古蔺县德耀镇55岁的老民工桂永福乐哈哈地对我说："我也在深圳打过工，干了六年，现在回老家盖了新房，虽说挣得不如以前多，但在乡下没有城里面那么大压力。古蔺这一带每年有很多寻找长征故事的人，他们常问一些红军的旧事，那都是老人家的事情，我们哪里晓得……去年8月份，还有几个外国人到这里来找红军。林彪的部队在这一带打过仗，他们打仗的地方，都盖楼房了，说是古战场，现在都变成农贸市场了。"

雷人的劫匪

（2014年4月28日）在从叙永后山去摩尼的路上，遇到一个"劫匪"。

这"劫匪"大约也就一个17岁左右的大男孩儿，一脸未脱的稚气，骑一辆摩托车在我后面跟了好久。最后终于下定决心，一脚油门儿踩到我跟前"嘎"地一声刹住摩托，然后嘴唇颤抖地跟我说："把你的手机和照相机留下嘛……"

这可能是我有史以来听到最雷人的一句"打劫啦"，看他紧张的样子，我反倒觉得有趣了，我把手往他的车把上一搭，说："兄弟，你闯到我们镜头里啦……"一边说我一边回身乱指："你看，那儿……那儿……那儿……到处都是摄像机，你这一闯进来，害得我们又要重拍了……"男孩儿脸色涨得通红，有点儿像是求助一样地看着我的眼睛，估计大脑里也一片空白了，我提醒他："我们没录音，你跟我说啥他们也不知道，赶紧走！他们还以为你是过来问路的……"我话刚一说完，男孩儿便"咚咚咚"地骑着摩托跑远了。

"鸡鸣三省"叫乱了长征人

（2014年5月1日）徒步38公里，从古蔺的摩尼镇走到了叙永的石厢子彝族乡。从这里再往前30多公里就进入云南的扎西地区了！这一片有个很好听的名字叫"鸡鸣三省"，因为这里的鸡一叫，云南贵州和四川三省都能听到。

当年红军跋山涉水到达这里，开了一个很重要的会，就是彻底剥夺了博古的领导权。但是这个会究竟是在哪里开的？当时的亲历者都不记得了！后来人们只能根据周恩来的回忆中有一句"是在一个名叫鸡鸣三省的村子里"来确定会议的地址。

这下更麻烦了！因为四川叙永的石厢子，云南扎西的水田寨花房子，贵州毕节的林口村在过去都叫"鸡鸣三省"，中央红军这个会议到底是在哪个省开的谁都说不清了，于是三个地方的老百姓都以各自的理由建起了纪念馆。

今天我在石厢子的民间纪念馆里见到了房东老杨,他对云南和贵州那边也搞纪念馆很有看法,他认为他家才是当年中央红军开会的正宗地方。

石厢子的一位大姐抱起自己九个月大的儿子,无比自豪地让我给拍照,当知道我在徒步长征时,她非常不解:"现在交通工具啥都不缺,干嘛非要走路不可?"接着,说什么也要打电话把她弟弟叫过来用摩托车送我一程,我再三跟她解释说:我的行程我做主,徒步是我的功课。

大姐依然不解,最后地冲我嚷了一声:"徒什么步啊,只要你的心在走就行啦!"

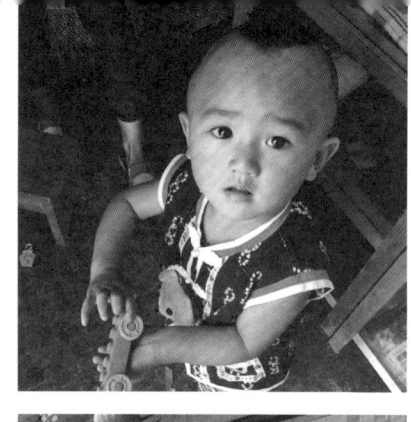

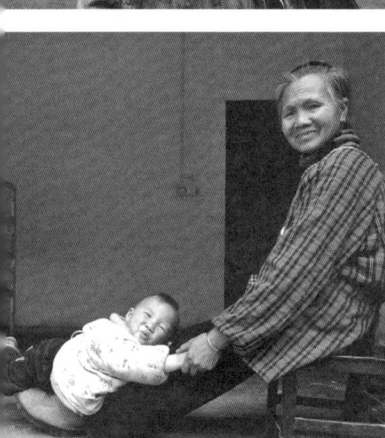

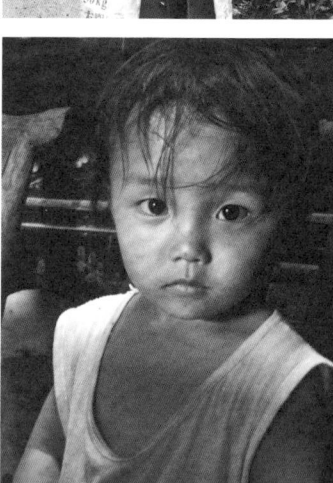

红军在四渡赤水中，第一渡和第二渡一共跑了多少路？

（2014年5月3日）以前不了解历史，只从书本上解读"四渡赤水"。单凭想象离谱得可笑：过去我还真的以为"四渡赤水"就是在一条小河上面渡过来渡过去……等真的来到历史现场才搞清楚：四渡赤水可以概括为一场战役——它涵盖的是大范围运兵，大区域转进和大兵团作战这样一系列的战略战术动作组合。

而其中最典型的是以小牵大，以少制多，飘忽不定和出其不意的运动游击战略。

那么这场运动第一波（一渡赤水）的范围有多大呢，这么比喻吧：第一跑的距离相当于从深圳跑到韶关（而且是在贵州特有的高山峡谷间，只穿草鞋不穿跑鞋的狂跑）。

等全军上下好不容易跑到了,气还没多喘一口,突然上峰一道命令:原路返回,再从韶关跑回深圳……这就是第一和第二渡赤水的运动距离(其中还不包括迂回包抄的实际距离)。

扎西,扎西,回马向东方

(2014年5月4日)云南扎西,对中央红军是有着特殊意味的。

中央红军原本是为了躲避追杀一路奔逃到这个地方来的,而且在奔逃中一直抱紧的念头就是:渡过长江!进入四川!三军将帅铁板钉钉儿一样地奔这个目标而来,不惜代价也要渡过长江!

在扎西之前,从追方到逃方始终没有偏离这个大的主题,因此老蒋的布局得心应手,中共红军步步惊心。但到云南扎西之后,毛泽东突然顿悟:红军自长征进入贵州以来,一直背负着两个沉重的包袱:一个是从苏区带出来的国家机关,另一个就是一心一意想过长江的念头。有时候,在我们自己做事的过程中,也会面临这样气喘呼呼的时刻——为了一个不切实际的沉重目标,把自己搞得狼狈不堪!

毛泽东在扎西的惊人之举,就是在众人都还以为那是大家必须要做的事情时,突然决定:放下这个包袱——暂时不过长江了,掉头原路返回遵义,杀它个回马枪!

就这么一转,整个敌我态势便开始发生戏剧般的改变,从扎西开始,四渡赤水进入了向死而生华彩的一章。

这是扎西苍凉的地域留给了毛泽东一个最大的暗示。

毛泽东在四渡赤水中两场败仗的得失

（2014年5月11日）以前一直以为：毛泽东是在一个遵义会议之后就彻底翻身了，从此一条红地毯就从遵义光芒万丈地铺到了天安门……这想法其实很幼稚。

从贵州黎平一直到云南扎西，这一线徒步需要两个多月的时间，其中囊括了强渡乌江，四渡赤水等各种类型的血腥战役，因此可以说这一段路程几乎把人的求生欲望逼到了极限！即使到了80年后的今天，重游这片战场遗址，仍能够感受到当时的步步惊心。

毛泽东是在红军奄奄一息的状况下重掌帅印的。

这里不能不注意一个细节：1935年的军事派系在红军高层明显呈现，几个军团的高级将领对毛的军事能力也是半信半疑的，这其中以刘伯承，聂荣臻为代表的留洋派以及以林彪，左权为代表的黄埔系在当时都堪称是军中蛟龙，而红一军团和红三军团相当一部分营级军官都来自当年张发奎北伐的铁军第四军。毛甫上台，必然要面对这里里外外上上下下各种挑剔和怀疑的眼神。

因此对于毛泽东来说：遵义会议之后的军事策略是直接决定了他在三军帅帐中能不能坐稳的问题！

但是很不幸，毛泽东执掌帅印后上场指挥的第一仗就失败了！

土城败仗，这是红军长征中，在经历了湘江血战之后的又一场惨烈的败仗。毛原以为川军会像黔军一样不堪一击，但他没有想到川军里面有一个曾经非常亲共知共的高级将领郭勋祺。

郭勋祺治军不俗，其上司刘湘财大气粗，给部队的装备水准完全不能和黔军同日而语，再加上红军对川军的侦查信息有误，双方一交上火就感觉不对了：红军越打越少，而川军越打越多，打到最后连红军剩下的最后家底（干部团）都拼上去了！青杠坡一战，党的两代核心领导，三任国家主席，一位开国总理，五任国防部长，七大开国元帅以及上百位将军都投入了战斗，这在世界军事史上都是空前绝后的！打到最后，毛知道有问题了，主动下令退出战斗，西渡赤水。

土城战役，应该说是让毛雪上加霜的一仗！但也正是这一仗才把后来的四渡赤水映衬得格外耀眼：因为败中求胜，向死而生的戏剧演化才彰显最辉煌的心理力量。

接下来的毛泽东在扎西突然回马，二渡赤水，力克娄山关，再收遵义城，于云贵川三省的夹缝版图中挥洒千军，从而获得了红军高级将领的初步信赖。

如果说土城战役是毛泽东刚上场时还没热身踢了一个歪脚，那么鲁班场一役则是毛找到了良好的战场感觉后，开始在整体战略战术中幻化出了一个渐入佳境的"让子"棋着。

经过了红军二渡赤水之后，黔、川、滇各路大军被甩得精疲力尽，蒋介石本人在总体战略布局上也开始倾向保守，各军哨调动的效果急剧减弱。恰在这个时候林彪提出攻击打鼓新场，表面上看有些胜算，但战略格局不够开阔，尤其是蒋介石大军行动堡垒化之后，更是没有气眼的局部动作。

曾有一位格斗高手跟我分享格斗心得：当一个人面对几个人进行格斗时，切忌让自己身在合围之中，一定要以最简练的动作把对手全部闪在正面！毛当时秉承的就是这个基本原则。

战略与战术上着眼的差异，导致了毛和高级将领的分歧：到底是攻击打鼓新场还是攻打鲁班场？决策层的表现莫衷一是，最后把毛逼得撂了一挑子：你们不听我的，我就不干了！这原本是说的一句气话，谁知此言一出，过火了，不干就不干！众将举手表决，把个毛泽东刚刚到手的前敌总政委给表决掉了，那时大家也没把老毛当盘菜。

于是乎，在毛泽东怔怔的注视中，林彪等人真的要按自己的意愿行事了……幸亏当天晚上毛泽东思前想后放不下，半夜三更提着马灯深一脚浅一脚地踩着泥泞走了六里山路去找周恩来谈，这才扳回一局（这段山路我在苟坝村实走了一遍，耗时40多分钟）。

而后来军委二局的情报侦查确实证明：按照林彪等将领的意见攻击打鼓新场，将会使战局更加胶着。

方向总算扭过来了，全军上下统一认识：猛烈攻打鲁班场，结果又打败了！而且败得很惨！这对毛的威望不啻又是一次打击。但毛对这场败仗明显有些漫不经心，甚至在事后还有点调侃的意味。现在我们把80年的历史跨度拉开再看，才能体会到当时毛泽东在内心捕捉到胜算时的小小窃喜，因为鲁班场失利换回来的代价是：让蒋介石确信了"匪必西窜"研判误区，红军在把对手闪到了正面的同时，为自己抠出了三天宝贵的时间差！这在当时不能不令人惊叹！毛由此校准了战场上的心理节奏，为下一个精彩的翻牌动作找回了自信。

而更为重要的是：三军将帅在经历了这几轮血洗的战役考试之后，对毛才真正开始心悦诚服，死心塌地跟毛上路。

四渡赤水走出贵州之后，真正的艰难和真正的锻造才刚刚开始。

这几个月在野外行走,因为身上多了个物件儿或少个玩意儿,就常常被路人误读了身份!

比如背着三脚架,就被村民认定是高速公路测量员,在村子里常常被一群乡亲围住,狂问:高速公路啥时候修过来?

三脚架平时并拢起来有点像枪,于是便有一辆警车绕到前面,把我挡下来查证件,据警察后来说:怀疑我是从新疆来的恐怖分子。

有一阵子,背包太沉,压得肩膀疼痛,就花15元钱买了一个手拉车拉着背包走,于是我的身份又变成乡村推销员,常有老乡隔老远就问:老板,卖啥的?

身份算个屁。

在贵州土城,这位大爷告诉我说:80年前,博古和李德曾经在他家住过。遵义会议后,毛泽东刚刚拿到一点对军队的指挥权,但却在前方不远的青杠坡打了一次败仗。那时的红军,情报侦察有误,再加上对川军的力量估计不足,所以在这里吃了大亏。红军就是在前方400米开外的渡口渡过了赤水,奔云南扎西而去。

在贵州境内徒步两个多月,来回折腾近千公里,最让人郁闷的是:军史书上标注的战场地名和现代的乡镇地名老是对不上号,后面还有鸡场猫场羊场牛场马场……这可咋往下走?

恼人的贵州地名

当年的猴场,现改称草塘。

当年的猪场,现改称珠藏。

当年的猿猴,现改称元厚。

当年的懒板凳,现改称南白。

当年的白腊坎,现改称白龙。

当年的花苗田,现改称花茂。

当年的东皇殿,现改称习水。

当年的老习水,现改称官渡。

当年的唐朝坝,现改称同民。

当年的螺丝郞,现改称三合。

当年的建武营,现改称九丝城。

当年的打鼓新场,现改称金沙。

为什么说蒋介石从红军入黔开始就注定输掉了江山

（2014年5月14日）蒋介石堪称一代枭雄，也不乏文韬武略。但他早年在上海经营股票所养成的功利观念最终运用于军事决策中就犯了大忌。

蒋介石PK毛泽东，有很多层面的比较。

单就长征过程而言，本来蒋比毛有着太大的胜算：无论从手中掌握的军队实力来说，还是从行政话语的优势而言，蒋都占尽了地利人和，但是到了最后，蒋还是顿足捶胸地看着毛泽东率领红军就从他的眼皮底下绝尘北去。

如此戏剧化的结局，不能不让后人从多方因素中寻找缘由。

行走在黔北四渡赤水的古战场上，我参悟到蒋从这里开始逢毛必输的原因：出身背景不同而导致的胸怀气度不同是从根本上决定了两人在用兵掠地上观念的不同。

蒋在乎得，毛敢于舍。

蒋追剿红军，按理说应该是他军事理念中的头等大事！因为红军和其他旧军阀在建军理念上有着本质的不同：红军是一个拥有完整理想信念的军队，正如蒋介石自己所说的，地方军阀无非是想要地要钱，而共产党红军是要命要权。这么致命的政敌不用尽全力予以剿灭，反而想借助驱赶红军的过程来解决地方军阀问题，这完全是本末倒置了。也难怪蒋介石的天机不仅被毛窥破，而且也被各个地方军阀一一看透！这就导致了虽拥兵百万却不能毙红军于一役现象的存在！

蒋太在乎一城一地的得失了，他头脑中所固有的物质观念到最后给自己上了最大的眼药！也难怪二战后期英国的丘吉尔和俄国的斯大林很不屑于跟蒋合影，甚至连仪态万方的罗斯福都对蒋介石无休无止的援助要求难以忍受。

蒋介石的这种品性用共产党人自己的话来说，是"由剥削阶级的本性决定的"。用现在流行的语言来说，就是贪多嚼不烂！而毛泽东正好相反：时刻清楚主要矛盾在哪里，为了达到目标，可以不忌左右，不吝财物，不择手段。该舍就舍，该砸就砸。这样看来，从一开始两人的胸怀格局上就已见高低了。

下来我们看红军入黔后蒋介石的表现吧：

红军入黔后面对的第一道天险就是乌江。照理说薛岳率领的中央大军此时此刻的头等大事就应该是直扑乌江，把红军活活掐死在那里。可谁知，薛岳薛伯陵却偏偏在这个节骨眼上转道去了贵阳，生生地把封堵红军的大任甩给了弱不禁风的黔军，这就给后面的红军占领遵义提供了一线宝贵的生机！红军不仅得到了微弱的喘息机会，更重要的是红军内部从容地实现了换帅程序，毛泽东正式走上了前台。

是什么原因让薛岳在这个关键口上分兵贵阳呢？这就是蒋介石所谓的一石二鸟利益驱使：一方面蒋介石害怕桂系李宗仁白崇禧以及粤系陈济棠会借机争夺云贵川的烟土关税控制权，另一方面薛岳也有自己的小九九：作为国民党系的元老级武官，薛伯陵一直没有自己的地盘，贵州早就是他瞩意的目标了！就这么着，蒋薛都为了眼前的利益而把根本目标迷失掉了。也许这就是蒋介石怎么都绕不过去的心理硬伤：一到关键时刻，便是一个利字当头，每每决胜时分，便会芝麻西瓜一把抓！

围堵长征是这样，抗战结束统收城池，五子登科也是这样，最后的解放战争争夺延安还是这样……江山易改，本性难移。毛也正是看准了蒋的这个本性，才经常施出这个屡试不爽的绝招让蒋介石作茧自缚。

四渡赤水中，林彪为啥不停地拧脖子

（2014年5月30日）以前听到过不少关于林彪在长征路上唧唧歪歪的传说，这次徒步长征，倒是在峡谷大山中煎熬出了几分对他的理解。

林彪在长征过程中和彭德怀一样，所担负的是先锋官的职责。红一和红三两个军团从头到尾就是围绕着中央纵队前呼后拥的，这职责注定了他们要比中央纵队付出几倍以上的生命代价。湘江血战中，红一红三军团几乎就是死扛到底的角色了。如果长征是以二万五千里的行程载入史册，那么红一和红三军团脚下跑出的路程绝对不止这个数儿！因为作为主力兵团，林彪所属队伍要不停地迂回包抄，佯动袭动，或在前或在后，还要时常和彭德怀军团变换位置……这要是在平原地带就已经累到吐血了，更何况这一路都是峡谷大山，激流险滩，再有心气儿的人几个月折腾下来也会发疯的！

而且还有一个最能让人崩溃的因素是：由于长时间茫然行军茫然作战带给人心茫然的挫败感，这才是对部队情绪最有杀伤力的。前面我们说了那么多中央内部的派系斗争，但这些斗争只限于高层风云，作为一线指挥，林彪彭德怀只能以服从命令为准则，再加上四渡赤水期间一切决策都是高度保密，每一纸电令只要求执行，绕了弯路走了回头路跑了冤枉路几乎是每天发生的事，皇帝一句话，太监跑死马。高层军团长一头雾水，基层官兵就真的感觉像是一群没头的苍蝇一样在贵州大山里来回乱撞了！

长征80年后，重走这段颠簸崎岖的狂野山路，仍然有着挥之不去的地理茫然感：山太高，谷太深，江河淙淙，密云朦胧。身边不断地死人，往前到底哪里才算是个头？设想当时的人心，从部队底层滋生出的一切情绪都是再正常不过的了。

长时间的茫然徒步，很容易让人平地生出这样的冲动：宁可明明白白地战死，也不愿糊里糊涂地走死。长时间跟大兵混在一起，林彪不可能不受这种情绪的影响。

应该说，毛泽东四渡赤水至少有两渡都是被逼无奈逼出来的，而林彪作为黄埔军校的高材生对当时的战场态势是很有一些自己的看法的，这主要表现在：

一、当土城青杠坡战役打响时，林彪所率的红一军团在前面开路已经开到丙安，复兴一带了，从作战地图上看，这个急先锋已经明显和中央纵队拉开了相当的距离，所以中央命令他放弃丙安回援土城，这就意味着要往回狂奔 120 里然后气都来不及喘地投入战斗（这段野路我在实地重走时，几乎要走到绝望）。回援没有问题，但累死累活还是累出了一个败仗，这让林彪开始萌生了初怨。

二、一渡赤水败走古蔺后，红一军团一直是在远离中央纵队外围 50 到 80 公里的山路上做大范围迂回护驾的，中央纵队到达云南扎西时，走的是一条直线，而林彪军团在外围走的是一条巨大的弧线！这弧线意味着巨大的山脊和万丈的深渊！我这次走到水潦和水田之间的路段时，常常被那陡峭的悬崖震撼得腿肚子转筋儿。好不容易到了扎西又突然毫无道理地原路返回，再回到刚刚杀出的包围圈内冲撞一番。这在作战将士看来，确实是匪夷所思！要知道，毛的战略思路能在当时蒙住蒋公，也势必蒙住了自己人。一路查阅历史资料，发现很多红军高级将领甚至是在几十年后才真正领略到四渡赤水的运兵之妙。只有时间跨度才能拨开当时的迷雾。而林彪，作为一线指挥员，他的战略格局远没毛泽东那么开阔，因此对他来说，扎西回头，二渡赤水简直就是"胡搞戏"。

三、遵义大捷。在二渡赤水后，红军突然杀了个回马枪，又冲进了刚刚逃出的黔北大山，这确实让蒋公抓破脑袋也没抓出个所以然来。当然也由此创造了一个千载难逢的绝佳战机：夺取娄山关，再下遵义城！毛泽东在战略上营造出这个战机之后，基本上就放手让林彪和彭德怀两员虎将去现场发挥了。这在客观上也促成了林彪一种盲目的优越感，可能他会觉得其实不用毛的指挥，光靠林彪和彭德怀的有效配合也一样能打胜仗！这是后来林彪不断跟老毛拧脖子的心理基础。

四、万急积怨。遵义大捷之后，林彪和彭德怀的自信大增，两人都认为应该进一步扩大战果，于是发出了"万急"电报，敦促中央下令攻击打鼓新场！此时此刻又可以看出将和帅的眼界高低了：林彪这个阶段的着眼点还停留在贵州一省的战术成效上，而毛的眼光始终盯着云贵川整体的格局，不以小胜论胜景，不以小败量败局。于是这就发生了后面林彪对毛百思不得其解的场面：为什么运用毛的游击策略却和毛发生严重分歧？毛为什么这次放着明明好打的黔军不打，而非要去打实力强大的中央军呢？到最后毛联合周恩来推翻了林彪自认为最得意的作战计划，这让林觉得不可理喻！尤其是鲁班场失利之后，更让林彪生出"不听明人言，吃亏在眼前"的感觉。他哪里知道毛不过是用鲁班场做一块跳板，为后面一个精彩绝伦的三级跳埋伏笔呢。这里林彪还有一个小小的私心也不能不披露一下：前面的遵义大捷应该说是彭德怀立下的头功，红三军团在战斗中的表现有目共睹。林彪很希望能让在新的作战计划中体现红一军团的拿手好戏。但这个愿望没有实现，又让他的心绪里平添一分郁闷！

五、四渡赤水后，接下来的就是大踏步地长途南奔！从当时中央电令的行文语气上，明显能感受到的就是两个字：快跑！而且作为掩护部队，跑还不能好好地跑，要不断跑重复路线，跑回头路线，跑之字路线……要不断的迷惑误导和阻击敌人，这也让以攻击见长和专打精密仗的林彪大为恼火。云贵川地形的大起大落确实让人很难有明确的方向感，所以等大军进入云南后，林彪终于按捺不住自己的愤怒拧了一回大脖子：要求换毛！

这也是促成了中央四川会理会议的直接导因。

四渡赤水中，两军混战到什么程度

（2014年6月2日）红军四渡赤水，在路上出现了很有趣的、匪夷所思的场景：由于红军和国民党部队都被调动得晕头转向，赤水河地区一片乱糟糟，两边的军队有时甚至走在同一条路上，战士们交织在一起，却并没有交火，成为国共军队最和谐的一幕。

时任红三军团11团政治部主任王平在回忆录中描述：（红军里）有的部队穿着国民党军队的衣服，在国民党军队中来回穿插，有些掉队伤员还到国民党军队里上药。司号员赵国泰是个小机灵鬼，他弄了一顶国民党军的帽子戴上，混过敌人耳目，竟然直接到敌人炊事部门打饭吃。

天天在地图上熠熠生辉的北盘江，终于真实地展现在我眼前了。

这意味着三个多月的贵州行程即将结束，马上就要步入云南了。这几天在黔南山区走得近乎绝望，没完没了的崇山峻岭烂泥路，80年前那群少年就是从我眼前这个渡口漂过北盘江的，他们压根儿就不知道后面还有金沙江，大渡河，夹金山，大沼泽，以及近百种超乎人类极限的死亡方式在等待着他们。

至少在此刻过江时，他们是欣喜若狂的，因为蒋介石的40万追兵已被稳稳地甩在了九天之后。

遥遥相望，贞丰县的白层古渡，就像一位白衣少女一样，伫立在黄昏暮云那片透明的惆怅之中。

四渡赤水，透见毛泽东谋略风格的"雌雄同体"

（2014年6月7日）从息烽一路下来，经过久长，扎佐，洗马，哪嗙，谷脚。

最后到达倪儿关。

对照军事地图，再看实地战场，这态势让我忍俊不住：毛泽东前面用了将近四个月的战略铺垫，闪转腾挪。黔，湘，川，桂，滇，中央六路大军被运动惯性调东甩西，已出现了明显的粘滞效应，毛必须要在这里再做一个关键的战术动作：要像一个妖艳性感的少妇一样在这一带花枝招展，提臀露肩，扭捏作态，性感暴露，就等着把滇军孙渡这个大色鬼骗上门来，因为这是横亘在红军眼前最后的一道门杠。毛在千军万马之中窥破了制胜的一点：调出滇军，就是胜利！

在战场上，战略指挥的最高境界就是：能利用对方的最高指挥系统，调动对方的军队来实现己方的战略意图，从这一点上说，毛泽东出神入化地做到了。一流的战略家，骨子里不能只是一个刚毅的硬汉，关键的时候还要有妇人之能，甚至还要有妇人之相——优柔曼妙，长袖善舞，非杰出的想象力和浪漫情怀而不能为之。洗马镇和哪嗙乡就是毛泽东极尽妇人之能的地方，他只等蒋介石命令孙渡挥师东移，滇军重心入黔，立马莞尔拧身，穿过贵阳和龙里之间狭窄的空隙，一声呼哨，绝尘向云南而去……

能在历史现场的一山一水之间，触摸经典战例，这是何等快事！

明天就走进云南了

（2014年6月23日）到达兴义顶效镇，这里距离云南古敢水族乡不到30公里，这就是说，明天将告别贵州最后一站——威舍镇，由黄泥河进入云南，正式开始滇境之旅了。回想这一个多月来，几乎天天泡在雨中，能见到一丝阳光都变成了一种奢望，贵阳贵阳果然是金贵阳光，也难怪贵州的女孩儿皮肤都那么白皙漂亮！但愿进入云南能好好晒晒太阳，浑身上下都霉透啦！

贵州兴义的威舍镇，68岁的郎志远自豪地说：威舍因为两个人而出名：一个是开国中将钟赤兵，另一个是毛泽东的夫人贺子珍。

钟赤兵是彭德怀的爱将，也是唯一靠一条腿走完长征全程的人。

娄山关一战，钟赤兵的右小腿被机枪打成了筛子，骨头完全散碎了，后来被迫截肢。由于感染，竟然三次无麻醉生割活锯，据说当时惨烈的场面连彭德怀都承受不了。

但钟赤兵还是奇迹般地活下来了。

当长征走到威舍镇猪场村附近时，遇到飞机狂轰滥炸，刚产后不到一个月的贺子珍看到钟赤兵的担架被扔在河滩无人料理，奋不顾身趴在钟赤兵身上挡住了横飞的弹片，结果浑身17个伤口，整个被炸成了血人。

据说，烈烈威武的独腿虎将钟赤兵一生都把贺子珍看成了自己的再生之母。

在云南马龙王家庄,我借住的房东院内,停了一辆本该去报废销毁的破车,但54岁的房东霍家祥说:这车是我女儿出生那年买的,女儿从来到人世间坐的第一辆车就是它,舍不得毁掉它啊!老霍动情地对我说:毁掉一辆车那是分分钟的事儿,可那车上是有霍家一家人生命记忆的,毁掉一家人的记忆那是让人很心疼的事。

老霍一番话着实让我发了好一会儿的呆。

红军一进入云南就撞大运

（2014 年 7 月 12 日）从云南曲靖到达马龙，这段路上既没见马也没看到龙，有一群鸭子集体上吊的场面挠了一下镜头。

当年红军长征走到这里倒是撞了个大运：刚入云南，没有地图，林彪彭德怀就像睁眼瞎一样带着军团在深山老林里转悠，昏天黑地地走了不少冤枉路，偏偏就在这时，先头部队在关下村附近截获了一辆军用卡车，车里装满了云南王龙云送给国军总指挥薛岳的礼物：有云南白药，有宣威火腿……但最让红军开心的是：车里竟然还有 20 张十万分之一的军用地图！

据说这 20 张地图被送到中央军委时，周恩来把散发着油墨香味的地图盖在自己脸上，长叹一声：天不灭红军啊！

蠢不是错，蠢极了就惹祸

（2014 年 7 月 13 日）今天从马龙经过王家庄镇，马过河镇，到达易隆村，全程 47 公里，早上六点出发，晚上十点到达。这里离嵩明 34 公里，离柯渡镇 85 公里，离金沙江只有 238 公里了，也就是说再走八天就可以渡过金沙江进入四川省了。

从云南的曲靖地区进入昆明地区，中间要穿行寻甸，嵩明和禄劝三个连环地带，这一线大约有两百多公里，需要六天的行程。

其实红军当年在这里也是故伎重施：假谋昆明，实图金沙。毛的战略意图从眼前这个大沙盘上可以一目了然。

从军事智慧上讲，龙云在蒋介石面前算是中学生，但是在毛面前只能算是小朋友啦：早在红军入滇之前，龙云把孙渡大军调往贵州就是一个失着儿，而后，在红军入滇直

云南嵩明,空气清爽得一塌糊涂,风景漂亮得一塌糊涂,这个季节又恰是蘑菇菌类丰收时节,食物好吃得一塌糊涂。走在这片灵秀的山水之间,无比庆幸能和嵩明人一道儿加入了清心透肺的林间呼吸。

扑昆明而来,龙云更不该把金沙江的驻防彻底放弃,毛要的就是这个结果!

从四渡赤水之后,红军没有了四面楚歌的围困感,余下的事儿大多只是把气喘匀,从容调整而已,龙云给了红军梦寐以求的机会。

红军能在如此分秒必争的宝贵时间里,款款用掉了九天九夜来渡金沙江,这不能不说是地方军阀太不给蒋介石面子了!

今天的路况比较特殊，52公里全在大山里，中间没有落脚点，也没有村庄。

阴森森的"红军洞"

（2014年7月17日）今天从云南寻甸的柯渡镇，经过鸡街到达禄劝的九龙镇（狗街）。全程44公里，途中还翻越了一座大山，总共耗时八个小时。

在九龙镇郊外的鲁筷村，意外撞见了一处"红军洞"。

听带路的向导小王说起来，心如刀割：这是一个天然的山间无底洞，黑黢黢的深不见底，站在旁边便能感到阴风袭面。1935年4月，当红军长征经过九龙镇附近时，有几名红军伤兵掉队了，其中还包括了怀孕的女兵王其英和两个年仅14岁的小红军，她们在狗街附近被当地民团抓住，全部被捆牢，身上挂满石头，将头部朝下，活活栽进这个黑洞……据说几天后周围的村民还能听到洞中女人凄厉的呻吟。

也难怪长征的队伍里流传一句话：天不怕，地不怕，最怕掉队找不到家。

暴晒，水很快就耗光了，到最后渴得几乎虚脱，好在下午一场暴雨袭来，浇得恰到好处！

"L"大拐点，一路向北方

（2014年7月19日）到达云南禄劝县团街镇，这是一个值得说道的地方：二万五千里长征从这里开始，结束了东西走向，而完全转向南北行军。

说来也巧，长征在中国的版图上，刚好是个巨大的"L"形，巧妙应和了英文"Long"的第一个字母，而团街镇恰好就在"L"形的拐点上。从团街镇开始，红军突然折向北方，用三天的时间奔袭皎平渡，以九天九夜的速度全部渡过金沙江，从而实现了离滇入川的战略意图。这让龙云和毛泽东都松了一大口气。

从明天开始，我将欢快地奔向北方，掠皎平，过金沙，浩瀚的古战场就在脚下云蒸霞蔚。

今天是云南苗彝人家的隆重节日——火把节。早上在团街镇吃早餐时,就看见很多苗族女孩儿打扮得漂漂亮亮,簇拥在饭馆门口等着吃饱喝足了去相亲。可惜我等不了啦,今天必须要赶到撒营盘镇,否则明天赶到皎平渡的计划就泡汤了。

相亲撒营盘

(2014年7月20日)从云南禄劝的团街镇一路向北,在山间公路上徒步46公里,晚上八点终于到达了金沙江渡口的前镇——撒营盘镇。

金沙江,近在咫尺了,我似乎已在皎洁的月光下,看见江面泛起的粼粼波光。

双化村43岁的村民刘荣耀养头骡子就是为了解闷玩玩儿,他很不屑地问我:这东西你们城里人养不起吧?

在皎西镇,85岁的鲁大爷笑眯眯地看着镜头,这位整天游荡在乡村公路上的农村大爷,已无衣食之忧、儿女之忧和未来之忧。在他内心,丰厚存留的,或许就是那段丰厚的经历。从他笑眯眯的眼神中,我仿佛看见他所经历的所有的欢乐与苦难。人生是一种经历,在这经历中,也许,简单的欲望和单一的生存目标,恰恰才是成就了一段幸福的旅程。

农村人养马玩儿,城里人干瞪眼

(2014年7月21日)从撒营盘到达皎西镇,全程28公里,走得轻松,只是一路阴雨连绵,湿透了的徒步鞋把脚给"挖苦"了一下。

徒步中国,大部分时间是在广袤的农村行走,不看不知道,一看吓一跳:俺们城里人往死里拼命也挣不到的别墅豪宅,乡村人基本上都已自盖自足了。

（2014年7月22日）今天脚伤未愈，在皎西乡休整一天，明天任务艰巨：51公里的盘山公路没有中途休息点，完全是在云南和四川交界的大山里盘绕，凌晨五点出发，预计14个小时走完。

明天即将渡过金沙江，就要进入四川地区了。

回看江西，广东，湖南，广西，贵州，云南的徒步旅程，所有走过的地区恍若幸福的影子，远远跟在身后。所有经历的苦乐，都变成了丰盛的回忆。

红军巧过金沙江，到底巧在哪里？

（2014 年 7 月 23 日）巧一：毛泽东想过这条江都想疯了，但他偏偏把林彪的红一军团摆到了昆明附近，让龙云确信了红军是想图滇，而不是想入川，这也让四川王刘湘松了一口气。关键是把龙云驻守在金沙江边的滇军大部分调回了昆明。

巧二：毛在这次抢渡中，放手起用了刘伯承这个曾经的川军之神。而刘伯承在排兵布阵上由于有了贵州四渡赤水争取到的宝贵时间，指挥上得心应手，也使得一批留洋回来的职业军人由此对毛的军事帅才心服口服。

巧三：六条破船，36 名船工，承载了三万红军的命运转折，也保存了一支铁军的强悍基因。九天九夜，忙而不乱地全部渡完，无一人失踪，无一人阵亡，这在世界军史中都堪称经典。

直到最后薛岳率中央大军赶到江边,只捡到几双破草鞋,他不能不为这支队伍暗暗称叹。

金沙江是一道天险,过了金沙江,标志着红军最当头的危机暂时告一段落,接下来,将是毛泽东整理军队内乱,剃几个刺儿头的开始。

当然,明天我也将乐行巴蜀大地啦!

一进四川,就领教了陈赓的厉害

2014年7月24日,从皎平渡大桥跨过金沙江,正式进入四川会理地区。

今天又算是领教了一回!

前天的51公里全是下山路,是从山顶下到金沙江渡口。而今天的28公里完全是爬山路,要从渡口翻越高耸的中武山。这回可真的把左大爷给累吐了:无穷无尽的盘山路几乎碾碎每一次拐弯前的期望,白花花的烈日刺得人头晕眼花,每爬几十步就牛喘一般地狂吐酸水……当年的陈赓大将带着他的士兵是怎么在一个夜晚渡过大江后又翻过这座高山然后狂奔18公里一举拿下通安州的?别跟我说那个时代的人觉悟高,他们也都是人,也有体能极限,可这极限的极限到底极限到了什么程度?

一路长征,一万次地想当逃兵。可没有一次能像今天这样,真切地触碰到了一群少年血脉贲张的孔武气息!

"御林军"大将陈赓

（2014年7月31日）分享一下红军御林军大将的故事。

红军长征过程中，也有一支护卫中央纵队的御林军，不过它的名字有点土气，叫"干部团"。这个团的团长就是赫赫有名的陈赓大将，政委是宋任穷上将。

陈赓，原本应该铁定是蒋介石的御林军首领。

不用说别的，光看他的从军资历就能把人震一溜跟头：黄埔一期优等生，连国民党军中威名远扬的宋希濂将军和李默庵将军都是他一手带进军校的小师弟。毕业后，留校任副队长、连长。在平定商团叛乱和讨伐陈炯明的东征中，担任蒋介石的贴身侍卫。

让所有黄埔生羡艳不已是他还有一个身价儿：校长的救命恩人！这可是真金白银都换不来的天使遭遇。在讨伐陈炯明的东征战斗中，战况危急，是陈赓硬把蒋介石背出火线，然后又一夜狂奔几十公里搬来救兵。

此事曾把蒋介石感动得当众大呼：陈赓精神就是黄埔精神！

就是这么一员爱将，也没最后留住，陈赓成了红军的御林军领袖。

1955年被授予共和国的开国大将。

陈赓所率领的红军干部团，可谓是军中一支花，中革军委不到最关键的时刻是绝对舍不得拿出来用的。因为这干部团里储备的是整个中央红军里的作战精英，个个身经百战，随便拿出一个两个都是将才底料。

红军长征过程中真正使用干部团就用了两次：一次是土城战役，另一次就是皎平渡抢占金沙江。两次使用，好钢锋刃，绝对出手不凡，试想一下：能当这支虎豹之师的首领，得要有多大的本事。

每次从历史书中看一场战役,所有的动态词汇都很难引起我更多的想象。什么"奔袭""突围""佯动"。那只是一群士兵的行动状态而已,我很难想象实战运动时一个普通人的体能支出到底能达到什么状况?

陈赓为人豁达智慧、风趣幽默,不仅蒋介石很喜欢他,毛泽东也非常偏爱他。

1943年夏日的一天,毛泽东在延安作报告,陈赓口渴,抓耳挠腮,东张西望,后整衣起立,直奔主席台。毛泽东一愣,问:"陈赓,有什么急事?"陈赓不语,抓过毛泽东的搪瓷缸子,"咕咚咕咚"喝了起来!而后,擦嘴、敬礼、报告,曰:"天太热,借主席一口水,现在没事了!"在场干部哄堂大笑,连毛泽东也忍俊不禁。

陈赓出身武举世家,祖父陈翼怀,湘军将领,善使一口八十余斤的大弯刀。

陈赓本人更是历经北伐战争、南昌起义、长征、抗日战争、解放战争、朝鲜战争、援越战争。一生征战疆场, 1961年3月16日在上海去世,终年58岁。

据当时帮助红军渡江的老船工张朝满回忆:"红军的纪律非常严明,渡江指挥部规定,无论军团长,也无论士兵,一船30人,多一人不行,少一人也不行。尽管红军当时给养困难,还是杀猪宰羊,优待船工。红军喝粥,我们吃肉,每天还发五元工钱,等全部渡江完毕后,为了不给薛岳留下后路,红军把船全部毁掉,但给每个船主赔偿了足足三倍的银两。"

毛泽东为什么在四川会理发飙

(2014年7月25日)从通安到达南阁乡,全程46公里,这里距离川南重镇会理城不到7公里,明天就可以进城了。

因为从贵州重掌兵权之后,毛泽东飘忽不定的军事策略以及声东击西的指挥艺术不仅搞得蒋介石莫衷一是,也让红军自身吃了不少苦头。尤其是在时空距离尚未拉开的长征过程中,许多军团级别的高级将领并不认可四渡赤水所产生的战略格局,甚至在全军完胜渡过金沙江之后,他们也没意识到"战术溃退"和"战略转移"之间微妙的转变。

会理之所以出名，主要是因为80年前毛泽东在这里发了一回飙。

说白了，当时大部分的上层指挥官都还搅在混战的局面中，没几个人能够洞悉毛泽东掌握军权后整个战场格局所发生的微妙变化。

有三个人是发现了这种变化的：第一个是刘伯承，第二个是聂荣臻，第三个是叶剑英。这三人都有一个共同的特点：战场视野广，战略格局大，照理应该还有第四个人具备这样的品质：那就是林彪！

但问题就偏偏出在了林彪身上！

毛泽东在会理会议上骂林彪"你还是个娃娃，你懂什么"，真可谓是骂得爱恨交加，更为中国高层领袖们长达40年的裂痕埋下了伏笔。

毛泽东会理发飙究竟是为什么？等我明天到达会理城内再探个究竟。

毛泽东为什么在四川会理发飙（续）

（2014年7月26日）今天的日记有点长，但很好玩儿。

从南阁乡走到会理城不到七公里，只用了一个多小时，但是从会理城再走到当年会理会议的遗址——铁厂村却用了将近三个小时，边走心里边纳闷：当年的中革军委干嘛要选离城区这么远的地方开会呀？

后来猛然知道，中央红军当年根本没有打进会理城，彭德怀率领的红三军团对会理久攻不下，只好放弃了，反正这里也不是红军要久留之地，休整好了就继续上路呗！

但是——

会理却是中共历史上非常重要的一个历史遗址所在：会理会议从某种意义上说，份量不亚于遵义会议，但因为毛泽东在这个会上发飙了，所以很多党史专家对这个会议含糊其辞，没有真正地把会议所达到的目的明确揭示出来。

事实上，遵义会议后毛泽东的军事策略直接决定了他在三军帅帐中能不能坐稳的问题！

但刚一上台的毛泽东就在四渡赤水中指挥了两个败仗：一个是土城战役，另一个是鲁班场战役。如果把历史视野拉近到那个年代，很容易让人产生一种错觉：毛的军事才能也不过如此！而事实上，通过这两个败仗，让毛交足了学费，他迅速调整思路，因地制宜地完成了后续一系列精彩的绝地反击策略，从而把红军从一个死扣中硬是盘出了一步活棋。

这个贡献在当时的作战间隙里是不太容易被人洞悉的。

尤其是林彪，他率领的红一军团几乎把腿都快要跑断了，整个四渡赤水过程中，林彪对毛泽东的指挥方针已忍耐到极限。

所以在这个时候林彪写信打电话要求换毛的情绪也是可以理解的了。

但问题在于：毛从林彪的情绪中洞悉了高级将领的情绪，他太需要在一个合适的时机对四渡赤水以来的军事决策进行强化总结，并藉此形成他绝对的军事权威，让全军上下达成共识：只有毛才是能把红军领出绝境的不二人选。

这一点，在部分高级将领中已经实现了共识，尤其是表现在刘伯承、聂荣臻和叶剑英等人身上，他们也因此取得了毛的深度信任。在渡过金沙江之后，刘伯承和聂荣臻另组先遣队就充分证明了这一点。

而林彪在毛的眼中，政治智慧决然不可能有想象的那么高，因此就在会理会议上出现了这样一个细节：当林彪看到这火药味十足的中央政治局扩大会议是因为自己的一封信而引起的，有点坐不住了，想要解释，却被毛断喝："你还是个娃娃，你懂什么？"

一句话，毛既镇压了林彪，同时也解脱了林彪。

毛确实通过会理会议实现了一点：在今后的军事指挥原则上，沿袭贵州云南以来的策略是正确无疑的。

这也为后面红军应对更为严峻的战略考验打下了良好的基础。

会理是一座古城，直到现在，中心鼓楼上还保留着晨钟暮鼓的习惯。会理会议的旧址都没有了，只剩下了一组现代雕塑弥补历史的缺憾。倒是在会址旁边的一座小山包上有个奇怪的景观：四周所有的山头都郁郁葱葱地长满了青绿的松树，唯独这座山包上的松树一片秋容肃杀。问了旁边卖凉粉的大嫂，她说：当年中央在这里开会时，毛主席发了好大的脾气，从此这片山林都不长绿了……听着大嫂的话，权当是一句戏言吧。

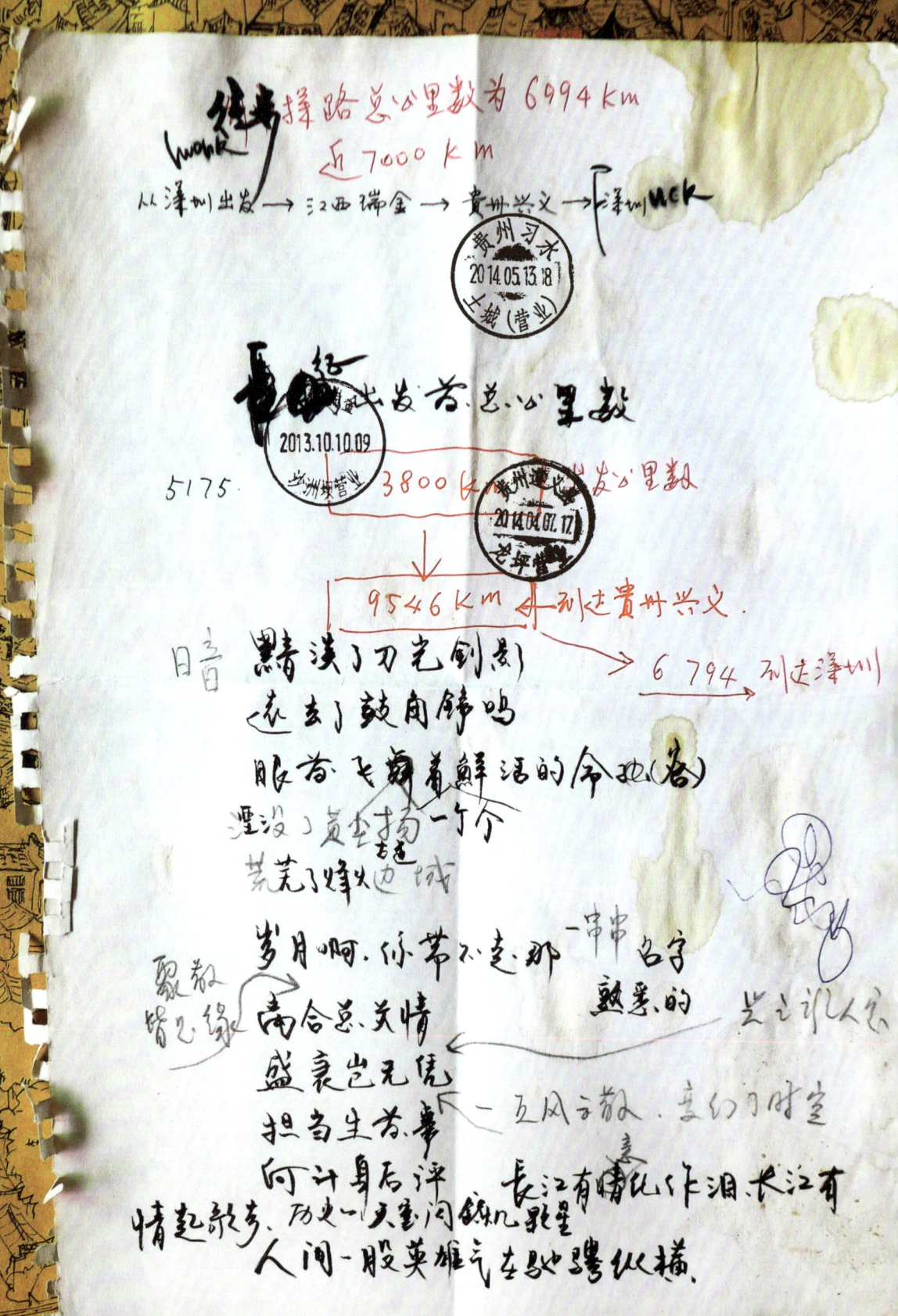

毛泽东为什么在四川会理发飙（再续）

（2014年7月27日）关于毛泽东和林彪在会理这个阶段关系的体现，特补充几句：历史地看待人与人的关系，一定要放在历史环境中辩证地看待。人没有绝对的关系，只有在各种历史条件下所形成的历史关系。林和毛也是一对充满了辩证意味的关系，林对毛的忤逆是表现在好几个历史阶段，包括后来长征结束到达陕北后，关于东渡黄河在山西发展的问题也是林毛辩证关系的体现，以至于毛把林收回来做抗大校长。

但有一点毛始终是清楚的：林是自家人，是孩子跟家长的情绪反应，但也是高级将领整体情绪的晴雨表。林从来都是有问题就直接写信反映，这在毛的"阳谋论"中是获得了很多加分的。

会理会议是毛在遵义会议之后第一次开始为巩固自己的军事地位，捍卫自己的统帅地位而展开的形象攻势，这个时机抓得非常重要，因为后面将有重磅级对手张国焘和王明分别出场，如果没有这样的前期预热提升，毛在未来的胜算仍有很大的危险。

林彪在客观上起到了一个导火索的作用，毛敏锐地抓住了这根导火索，从这个意义上说，林和毛是无意识地演了一出双簧戏，只不过他们都是带着一种历史的自觉来到了十字路口上。毛的过人之处就在于他能分清主要矛盾和次要矛盾，然后在最合适的时机采取了行动。

做一枚出膛的子弹，呼啸一次，便是一生

（2014 年 8 月 1 日）从德昌经黄联关镇进入西昌地区。

谁都知道今天是个什么日子。

参军入伍，曾经是梦想，但终未能够如愿，只好用各种方式将自己同化成一名士兵。重走长征，让我真切地贴近了他们，让我假想能和他们一样：血脉贲张，尘埃飞扬；纵有雄关漫道，峡谷大江，我自浪花飞舞，群山回唱。

长征锻造了中国的一代军神，我不苛求能像他们那样强悍到超越极限，但求能从漫漫的尘道中找到一个坚定的方向，做一枚出膛的子弹，呼啸一次，便是一生。

2014 年 8 月 7 日

从四川冕宁一路向北：经过曹古镇到达彝海乡。

彝人对小叶丹充满了敬畏之心，尤其是他当年跟刘伯承在这里歃血结盟的故事人人会说，而且传得有点神乎其神了。当地人很喜欢拿石达开来和毛泽东对比，一个很普遍被认同的说法是：如果当年石达开手下能有一个像刘伯承这样的将领，也不至于会在大渡河边全军覆没。"大渡河是看彝人脸色的！红军能和彝人结盟，那后面的大渡河就是红军的大渡河了！"

小叶丹当年跟刘伯承结盟，还是得到了不少的实惠：光是赠送的步枪就够武装起一个支队了。据说，小叶丹回赠给刘伯承的那匹大青骡子和两个彝族美女后来都参加了红军。

2014 年 8 月 9 日

从彝海乡翻拖乌山，经栗子坪到擦罗乡。

这一段路完全是在传说的彝人区里穿过，冕宁长征纪念馆的老梁一再提醒我：彝人区山大沟深，彝人也不太好打交道，尤其是过拖乌山，经常有司机被抢。

老天爷保佑，我这一路不但没有遇到任何麻烦，反而还交了两个彝族朋友。

在拖乌山的集市上，42 岁的彝族大嫂热情地推销着筐里的几只母鸡，并说，如果能将她筐里的五只母鸡全都买走，她愿意搭送一只公鸡。

今天的文字有点惨，可跳过不看

（2014 年 8 月 13 日）石达开兵败安顺场，有好几个历史疑问未澄清，但在这雄山阔水之间存留的几个瞬间确实让人心头发颤。

一、石达开作为太平天国最有才华的年轻将领，荣奉"翼王"称号，为什么会在最关键口上因为小妾生子而延缓渡河的生机？

二、当石达开决定投降清将骆秉章时，到底是真降还是诈降？如果是真降，为什么还要命令手下把自己的五个妻妾和两个幼子捆绑扔进了冰冷刺骨的大渡河？如果是诈降，又怎么能接受遣散手下 4000 多名士兵，而最后留下 2000 名猛士给骆秉章砍了个人头乱飞呢？

三、石达开最后是被押到成都凌迟处死，据说一共割了 1000 多刀，从头至尾，没哼一声，还痛斥两名手下的爱将，嫌他们被割时的呻吟会阻挡自己升天堂。这个时候他会不会后悔自己在大渡河边所做的最后决定？

四、石达开骁勇一生，但最后还是终结于"石"，他全军覆没的地方在石棉，而石棉恰好又有一座石儿山，这是上天的旨意还是历史的巧合？"翼王亭"就伫立在那里，一百多年来，这位年轻帅气的王子和他的妻妾幼子早都轮回过几代人家了，但冰冷刺骨的大渡河水依然从百姓家的门前缓缓流过。

接下来，要看毛泽东的了：据说当年蒋介石把红军逼到大渡河边时，跟部下说：要让朱、毛成为第二个石达开。这其中已经丝毫掩饰不住心中的狂喜了，因为稍有一点军事常识的人只要一览军事地图便能看出天造地设的死亡陷阱。一切只能说是天给的神机，人造的奇迹，谁能想到一百多公里以外还能存在那么一桥生机？又有谁能想到用 48 小时跑完这一百多公里之后，那线生机还在不在？但不管怎么说，毛泽东和他的部下竟能成功地死里逃生，并在这近乎绝死之地获得了重生。

在从西昌安宁镇到冕宁泸沽镇的途中,竟然意外地遇见了一个非常独特的博物馆:"上山下乡知识青年博物馆"。就在这么个偏僻的小山村里,知青博物馆的规模绝不亚于国家水准,中国的知青作为一个历史符号藉此将永远存留在人们的记忆中。

用双脚丈量"飞夺泸定桥"的实际距离

（2014年8月15日）凌晨5点从安顺场出发，沿着大渡河一路向北：经过先锋藏族乡，龙头石水电站，新民藏族彝族乡，挖角藏族彝族乡，田湾河彝族乡，晚上8点到达泸定县得妥乡，这里就是当年红一师狂奔两昼夜休息的第一个站点，全程52公里。

按史书记载，当年诸葛亮南征时曾在这个小圩场驻扎过。不过这里有个小疑惑不能不提一下：很多军史文章关于红军第一天跑下来的里程记录偏差太大，有的说是80里（40公里），也有的说是60公里，但今天按我实际测量是52.6公里。明天的行程里数问题就更大了，这里的老乡异口同声告诉我：从得妥到泸定是46公里，用我的电子地图测试的是44.8公里，偏差不大。但史书记载却是240里（120公里），这也是让很多人疑惑的一个端点：120公里要用一天一夜跑完！这意味着当年的红军就是不吃不喝不撒尿不睡觉也要以每小时5公里的时速跑完，这可是陡峭的山路啊！我觉得问题是出在了里程统计上：把1935年的路况做一个粗略估算，明天剩下的里程应该是50公里左右。也就是说，当年红军两天两夜跑下的直线里程应该是98公里—108公里（算上迂回和绕行就更多些），而不是史书里普遍记载的320里（160公里）。

今天在路上体会到了徒步人的优越感：从安顺场到泸定这段路是一条旅游高峰线，从全国各地经过成都入藏的驾友，大多选择这条路线。所以这一路可以看见各种各样的越野吉普和各种各样的越野勇士。可一旦遇到塞车，勇士们只能望山兴叹，一点办法都没有。当我背着背包，踽踽独行，从一辆一辆又一辆无奈趴窝的越野车前走过时，一种莫名的优越感荡漾心头。

腿不争气，中途败落

（2014年8月16日）凌晨5点出发，原计划一口气走完46公里到达泸定桥下，但今天腿不争气，右膝关节钻心疼！只走了27公里，只好提前在冷碛镇休息一夜，看明天状况如何。冷碛镇距离泸定桥还有19.6公里，看来红军的脚步俺跟不上了。

在挖角藏族彝族乡,一扇门板伫立在一色的绿草丛中,门板的主人跟我说这门板是红军时代曾给他们当过床板用的,虽然我对他的话半信半疑,但至少突然明白了最早的"三大纪律,八项注意"里"上门板"是什么意思。这绿色的门板像是通向某个历史空间的隧道出口。

歌德曾称,历史为上帝的神秘作坊,在这个作坊里磨盘转动的声音正在改变着我们的认识。

当年红军强渡大渡河到底是咋回事儿

（2014年8月17日）关于当年红军强渡大渡河，还是有些历史疑点，很多史学家没有把这一段讲清楚，这次我到达历史现场，以亲身体验的方式，重新探索了心中的疑问。

我的疑问主要有以下三点：

一、红军强渡大渡河是否应该被看成是一个完整的战役？

（微友提问：红军到底渡了几次大渡河？17勇士和22勇士是什么关系？安顺场和泸定桥是什么关系？红军船和铁索桥又是什么关系？）

二、按史书记载，红军是用了两个昼夜狂奔320里（160公里），完成了从安顺场到泸定桥的远程奔袭任务,那么从安顺场到泸定桥的距离究竟是多少?按正常人的体能,能否两天之内在险峻的山路上完成如此艰巨的任务?

三、近几年,有不少微友猜疑:22勇士是否真的能像传说中的那样,可以匍匐悬挂在空无桥板的铁索上,冒着枪林弹雨奋勇夺桥?到底有没有发生过飞夺泸定桥的战斗?

先来解决第一方面的疑问:

红军强渡大渡河不是一次性的战斗概念,而是一个完整的战役体系,这个体系是分为四个台阶顺序展开的,其中包括了:安顺场抢船强渡,大渡河两岸百里奔袭,飞夺泸定桥,飞越岭终结突围。

我们甚至可以把整个"大渡河战役"看成是一次立体的军事策略。

这一点应该在聂荣臻元帅后来的表述中概括得非常清楚:"这次胜利,是几个部队自觉地互相在战术上密切配合,执行统一战役计划取得的结果。"

红军强渡大渡河是包含了综合铁人拉力赛所有元素的整体军事行动,四环相扣,缺一不可。

第一环:在安顺场以船强渡,实现了17勇士的神奇故事,应该说红军在这里只是完成了第一个战术动作(这已经是超难动作了,当年石达开就败在这个动作上)。但是船渡成功只是给整个红军部队打了一剂强心针,四条小船并不能解决二万多人的渡河问题。美国国务卿安全助理布热津斯基也曾经站在这里望洋兴叹:千难万难的第一难。

第二环:从安顺场到泸定县的百里奔袭。因为当时红军所面临的危局和1863年石达开发生在这里的情形太巧合太相似了:都是从金沙江经过冕宁、拖乌、擦罗过来的;都是总部驻扎在安顺场;都是5月份下水过河,河水为雪山化水,冰冷刺骨。石达开全军覆没的阴影不时弥漫在红军队伍中。毛泽东不可能不接受石达开的教训,是他广阔的军事视角和超人的战役想象力真正发挥了作用：把一种近乎于自残的方案提交出来并且迅速地付诸实现：以惊人的果敢和铁的纪律硬是把红军仅有的二万多人切割成两股，一股继续乘船渡河，另一股转左向北，沿大渡河徒步狂奔上百公里！这两股红军夹着中间的滔滔大河像两条蛟龙一样朝着泸定并行狂奔，演化出了上个世纪最炫目的历史画面。

第三环：两个昼夜的暴雨狂奔之后，才开始了整个强渡过程中的高潮部分：飞夺泸定桥。

第四环：成功夺取泸定桥后，红军大部队渡过大渡河转向天全、芦山方向，断后部队和川军角色转换，由夺桥转换为守桥，进而为先头部队成功打开化林坪一线的防守提供了有力的支撑。

至飞越岭血战之后，红军才算真正离开了大渡河谷地，大渡河战役宣告结束。

回望整个战役布局，毛泽东确实比石达开多了一个心眼儿，不以小局看小胜，不以大盘输大局，手里握着安顺场，胳膊夹着泸定桥，眼睛已经盯着天芦宝了，仅凭这样的战略格局已经让红军上上下下高级将领心悦诚服，也为毛下一个更加大胆的军事谋略打下了一个心理基础：因为，接下来的大雪山和大草地更是许多熟知兵法地形的将帅们想都不敢想的突围线路，真正的好戏才刚刚开始。

第二个疑问：从安顺场到泸定桥到底是多少公里？

史书口径几乎一致：320里（160公里）。这个统计确实为后人的研读带来了一些困惑。英雄绝对是英雄，但英雄不是超人，如果我们的党史专家为了拔高英雄形象而夸大客观现实，那就是对英雄的最大不敬。1935年的大渡河两岸几乎就是盘亘在峭壁山崖上的羊肠小道，红军要用48个小时跑完160公里这样的山路，这意味着：就是不吃不喝不撒尿不睡觉也要以将近每小时4公里的时速跑完，其中还不包括打阻击战和临时架桥的时间。

我经过两天半的实地徒步计算，只能做出这样的推测：现在的公路开发基本上是一条直线距离了，从安顺场到泸定桥的实际公路距离是98公里，但当年红军所走的山路面临太多的翻越和绕行，如果把过去迂回翻山的老路算进来，那么当年红军两昼夜奔袭的距离应该是110—120公里左右（这也只是一种推算，并不具有权威结论）。

第三个疑问：泸定桥上到底有没有发生战斗？或发生了怎样的战斗？

民间产生这类疑问主要来自两个源头：一个是来自张戎的《毛泽东，鲜为人知的故事》；一个是来自英国人李爱德和马普安2002年对一位85岁老人李国秀的访问。这两种说法，共同的特点都是依据对一两位老人的个体采访而得出了所谓的结论（这在历史学的研究方法中也是不科学的）。在张戎笔下，93岁的老豆花女说"没打仗"。而在英国人笔下，85岁的老太太李国秀说"早上8点开始打仗，打了一天一夜"。

张戎的著述观点缺乏历史依据，而两位英国人的采访似有很多纰漏，比如李国秀老太太先是说站在自家后山坡上远远地看也看不太清楚，后又说能看见22名战士和一些老百姓一起冲过桥去，这里面光是李国秀老人"精确"的数字记忆就已经很让人怀疑了：试想，一个80年前偏僻农村的小村姑怎么能精确地说出战斗是从早上8点钟开始？这里已经掺杂了西方人的思维习惯了，而且她一方面远远地看不清，另一方面又能精确地说出"22名"战士参加战斗，甚至她能在硝烟弥漫中分出哪些是战士，哪些是老百姓，这样的观察力且不说是否受过专业训练，光是那心理素质就足够当代青年自叹不如了，除非1935年17岁的泸定女孩儿李国秀是个超人，但再超人的个体回忆也无法和上万名亲历战斗的职业军人的集体回忆相比。如果我们仅仅因为两个农村小老太太的信口絮叨，来颠覆一场史诗般的壮烈，那无疑也是对我们自己身体里还残留的一点英雄基因进行阉割。

另一些传言，在国民党当时的电讯往来中，查不到关于防守泸定桥的电文，由此可以断言：泸定桥根本没有国军把守。这个断言的推导思维有点像是找不到情书，所以不能确定恋爱关系一样，也难以成立。

还有一个说法就是：从常理上，不能接受活人怎么可能挂在光溜溜的铁索上，还能冒着枪林弹雨冲到河对岸呢？

关于这一点，倒是值得说一说。

我认为，在以往的宣传中，确实有些片面强调了泸定桥面上的战斗，这在很大程度上给人们造成了一个错觉：仿佛大渡河战役只有一个飞夺泸定桥的战斗，红军夺桥胜利后就直接翻越大雪山了。实际上，红军解决泸定桥的过程，是靠十几场战斗串联起来的，是一整套完整的战术配合和作战体系构成的。

人们把太多焦点集中在铁索桥22名勇士的身上了，而忽略了红一师在河对岸一路的战术配合。如果没有这两岸的同步狂奔，没有河东岸争夺海子山，龙八步强悍的战斗，没有两股兵力的协同配合，造成川军腹背受敌，分兵乏术，那22名勇士单靠勇猛过桥难乎其难！至于攻桥突击队过桥的真实细节，聂荣臻元帅在他的《红一方面军的长征》一文中已经讲述得十分清楚：22名勇士是"冒着东岸敌人的火力封锁，在铁索桥上边铺门板边匍匐射击前进……"，这个说法已经纠正了"攀着桥栏踏着铁索向对岸冲"的夸张描述。

也有微友问：川军既然知道泸定桥这么重要，为什么不一炸了之？这恰是地方军阀和中央军的矛盾所在，蒋介石确实命令过他的别动队来炸桥，但川军首领刘文辉并没有认真执行。

当年千里大渡河只有这一座桥，这座桥是四川军阀茶叶、鸦片贸易的通道，刘文辉的税收和生存主要靠这座桥，如果真把桥炸掉了，也就断了他的财路，而且炸桥也会激化民间积怨，对川康地区的控制力大为减弱。

再加上泸定桥地势的险要，刘文辉对挡住红军存有侥幸心理，种种客观原因，决定了他在是否炸桥问题上始终举棋不定。现如今站在泸定桥边，看着巍然伫立的"康熙御碑"，会觉得刘文辉当年的犹豫反而成就了一件历史的好事。

有人说，历史是一个任人打扮的小姑娘；也有人说，历史就是一部当代史。这些说法无非是想说明，历史在每一个解读者的心中都会发生着"罗生门"效应，每个人都可以从不同的历史视角和文化背景去进行重新解构，没有任何一本历史课本是百分百绝对还原历史真相的。

人们容易相信自己愿意相信的事儿，但有一个方向是不会改变的：任何一个民族都是一个向往着勇敢和强大的民族；任何一个家庭都需要传承的是英雄的情怀和基因，这也是长征真正的魅力之所在。

每一缕战火燃剩的硝烟,每一个生命牺牲的壮烈,背后可能都会有着许许多多,说不清道不明的人间悲剧和人世情愫。

二呀么二郎山

（2014 年 8 月 18 日）开始翻越二郎山，其实这条路不是中央红军主力走的线路，而是断后部队（九军团）为了追赶大部队而选择的线路。

红一、三、五军团都是从龙八步（兴隆镇）和化林坪方向突破了川军的防线进入天全县的，那是一条古老的茶马古道，现在已经荒无人烟了，从安全角度考虑，我一个人还是选择翻越二郎山较为稳妥。

不过明天要穿过将近四公里长的二郎山隧道，非常刺激。

杨森身体好，应该去长征

（2014 年 8 月 20 日）从 8 月 19 日开始，进入天全县两路乡的地界了，但地理还是二郎山的延续，路况非常不好，泥头车大客车摩肩接踵，废气遮天，真不是徒步的好地方。

在中共党史中，关于红军是怎么突破川军在天全、芦山、宝兴防线的，说得比较少，好像这一段在军事史中被蒸发了一样。

为什么会这样？原因很简单：这一段是公关取胜了。

有两个关键人物不能不提一下：一个是红军方面的朱德，另一个是川军方面的杨森。对这两个人物的关系，很多超级军迷都比较清楚：他俩都有着滇军的渊源。蔡锷时期，朱德曾与项铣、金汉鼎、耿锡金并称滇军的"四大金刚旅长"，名震川南。而杨森作为国民革命军陆军二级上将，早年也曾经在滇军中任职，和朱德的私交很好。

由于朱德本身云南陆军讲武堂的背景，使他拥有了黄埔系的特殊人脉和资历（黄埔军校因为王柏龄、林振雄、叶剑英的身份，在很大意义上应该是云南陆军讲武堂的一种延续）。这一点杨森是很清楚的。再加上朱德为人敦厚、仗义、又同是四川老乡，杨森对朱德一直还是比较敬重的，他甚至让自己的爱侄杨汉中（驻守荥经和天全一线的第五旅旅长）尊称朱德为"叔叔"。

有了这层关系，红军过天全相对就容易多了，这也是各地军阀的一个通病：只要你不跟我抢地盘，只是路过，那我十分乐得做个顺水人情，送客过境，蒋介石对此也确实使不上劲儿。

据传说，蒋介石对杨森使不上劲儿的还有一样儿：杨森的女人太多了！家里光是明媒正娶的就有"金陵十二钗"，外面的露水夫妻更是数不胜数。有一回蒋公来成都督办军务，就住在杨森府上，看见一堆一堆的女人进出不止，十分恼火，把杨森吼了过来，本想教训两句，可谁知杨森"咔"的一个立正，对蒋介石大声说："报告委员长，卑职的身体很好！"搞得蒋介石哭笑不得，也只好做罢。

杨森的身体确实很好：1949年他跑到台湾后，颐养晚年，到了90岁还娶了一个17岁的女孩儿做姨太太，令人吃惊的是，第二年，这位少夫人竟然为他产下了第43个女儿。

体格这么好的家伙，应该让他去长征！

从天全到芦山,在路上,遇到一位94岁的老人,名叫杨明智,他是真真儿见过红军的,当年曾在家中接待过张国焘的部队。据村里人说,红军在他家住了108天,杨明智每天给红军烧水,红军临走时,专门送了一个烧水壶给他。那壶后来被县纪念馆的人用一只电热壶换走了。

在冕宁一间私人博物馆里,突然被这支老驳壳枪吸引住了。

据博物馆的主人介绍说,这枪早先的主人是红一军团第四师的师长张锡龙。张锡龙死在长征开始前的团村战役中,子弹从张锡龙的太阳穴里穿颅而出,带着脑浆和鲜血又打在了四师政委黄克诚的眼镜上,等猝然倒地的黄克诚重新戴上眼镜时,张锡龙已在痛苦的呻吟中断了气息。

后来这枪又跟了第二个主人,也是张锡龙的继任者洪超,结果洪超在不到一个月后也被子弹贯胸,成为红军长征中第一个阵亡的高级将领。

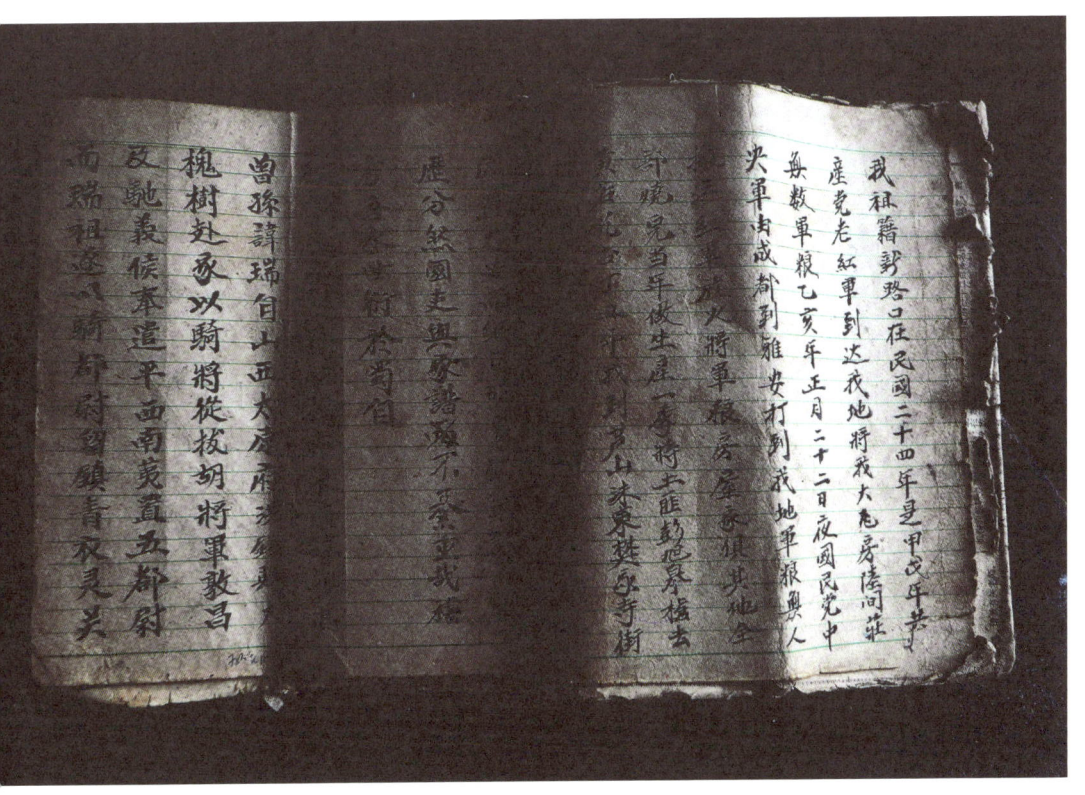

杨明智的族侄杨培基今年 74 岁,他家的老屋当年是张国焘存放粮食的仓库。

1936 年 2 月,红四方面军惨烈的百丈关战斗失利后,全军往炉霍、甘孜方向撤退,粮食来不及搬运,于是就把杨培基家的老屋连同粮食一把火烧掉了。当时村里的很多女人看着成吨的粮食灰飞烟灭,急得嚎啕大哭,杨培基的父亲更是落下了一辈子的心病。

对此,第三代族孙杨敏捷倒是另有说法:你不能用和平年代的想法去评价战争年代的事儿,那粮食不烧怎么办?留给老百姓就是留给了敌人,后面敌人吃粮有劲儿了,打你更凶……

对川军的认识不同，注定了毛泽东的胜算和张国焘的败局

（2014 年 8 月 23 日）张国焘和毛泽东，是上个世纪 30 年代中共内部最有领袖气质的两个人物。

张比毛小四岁，但他在党内的资历却要比毛老得多，而且在长征会师后，他的军事实力要比毛超出好几倍。但最后，怎么会搞成那样的惨局呢？

1935 年 5 月至 1936 年 2 月，中央红军以及红四方面军主要面对的就是川军各首领，对于川军的作战能力，毛泽东和张国焘是有着完全不同认识的。

应该说，这个局是从对川军的作战开始就已经排定了。

张国焘对南下搞定川军，是有着乐观估计的：1932 年，红四方面军从鄂豫皖根据地退到川北，与数倍于己的川军交手，几乎未尝败绩，短短两年多的时间里，队伍由一万余人发展到十万之众，建立起一个仅次于中央苏区的第二大根据地。不仅是他，包括整个第四方面军的上下将领也都没有理由惧怕过川军。

而毛泽东和中央红军与川军的交手记录则大为不同：遵义会议后掌握了军队的毛泽东，在贵州土城第一次和郭勋祺的川军交手便吃了败仗。吃了这次亏以后，红军在黔北的周旋作战中一直避免与川军交战。

第二次与川军交手是在会理。当时疲惫不堪的中央红军急需一场胜利来鼓舞士气补充给养，但川军刘元瑭旅拼死抵抗，红军围攻七天七夜终未得手，为此还引发了一次毛泽东的领导危机。

对川军作战能力不同的评估，直接造成了张和毛在南下与北上战略选择的心理分歧，至少是对张起了至关重要的影响作用，也为红四方面军后来的惨败埋下了第一个伏笔。

川军的游戏规则，几乎就是"袍哥"的翻版：他们各自把持着大大小小的"码头"，平日里称兄道弟；利益前头破血流。今天是歃血同盟，明天便六亲不认。不过，这群"袍

哥"也有底线：一旦有川外的势力企图占据川地，这群斗鸡立刻就抱成一团，枪口对外！

四川是他们的大码头，大家可以关起门来打内战，但绝不容许"外人"染指。用他们的行话说，就是"肉烂了在锅里头"。

川军里的几个巨头都有自己的外号，其实，"绰号"就是一种另类的性格描述。如果放在大历史的背景中，这张"川军袍哥绰号表"就是一张不折不扣的化验分析单，它从另一个侧面解构了一代军阀的DNA密码。

刘湘，绰号"巴壁虎"，又名"刘莽子"。
刘文辉（24军军长），绰号"多宝道人"。
邓锡侯（28军军长），绰号"水晶猴"。
田颂尧（29军军长），绰号"田冬瓜"。
王陵基，绰号"王灵官"。
刘成勋，绰号"刘水漩"。
袁葆初，绰号"袁宝儿"。
范绍增（师长），绰号"范哈儿"。
唐式遵（师长），绰号"唐二瘟"。
李宝钰，绰号"遂宁王"。
刘文彩，绰号"叙南王"。
夏炯（20军旅长），绰号"夏屠户"。
张邦本（刘湘部旅长），绰号"张牦牛"。
何光烈（第5师师长），绰号"何阎王"。
刘存厚，绰号"六寸厚"，也叫"刘瘟牛"。
石肇武（24军旅长），绰号"石老虎"、"花花太岁"。
林梅坡（刘文辉部旅长），绰号"林罗汉"。
邓占云（川陕边防军清乡司令），绰号"邓疤子"。
魏楷（刘湘部旅长），因一只脚微瘸，人称"魏跛子"。
赖心辉（22军军长），绰号"赖大炮"。

红四方面军天之骄子的陨落

（2014年8月24日）从芦山进入宝兴，翻越灵鹫山到达灵关镇。

灵关，是夹金山的前哨门户，也是翻越大雪山最后的一个关口，红军拿下了灵关，翻越大雪山基本上就没有了后顾之忧。

当年，红一军团政委聂荣臻心爱的战马在过灵关铁索桥时，一脚踩入铁链缝隙，警卫员通讯兵费了牛劲儿也无法将马蹄拔出，而大部队又急等着过桥，为了不耽误行动，聂荣臻只好忍痛下令将战马射杀，砍腿，推到桥下。

这两天，多是在张国焘部队的线路上行走，那就讲点红四方面军的小故事吧。在张国焘手下，有一个最年轻的军长名叫余天云，他因为打仗异常凶猛，而直接由团长提拔为第30军军长，年仅27岁。

余天云太牛了，当时跟他平起平坐的军事将领，建国后个个都是超级名人：国家主席李先念、上将许世友、陈再道、王建安、中将杜义德、程世才等等。

余天云打仗可一点儿都不含糊，敢下黑手，往死里掐，据胡奇才中将回忆，在红四方面军里，连无比凶猛的许世友都畏惧余天云三分。

但作风霸道也是余天云的风格，打人骂人是家常便饭，甚至动辄枪毙。跟余天云一起的警卫员、通讯员没挨过他打的很少，一个通讯队一百余人，全部被他打过。被余天云打得级别最高的将领是红30军政治部主任张成台：一次因为意见分歧，他伸手就给了张成台一个响亮的耳光。有一次部队行军，羊肠小道，马蹄打滑，余天云被摔了下来，他不问情由，照着马夫就是三枪，差点儿要了马夫的命。

就是因为这种性格上的缺陷，导致了余天云以后命运多舛：尽管张国焘非常欣赏他的军事才华，但也无奈他异常暴戾的性格，只好把他下放到了红军大学，无疑这更加刺激了余天云不平衡的心理：红军大学政委何畏原来是第 9 军的军长，本来跟余天云是平级关系，现在变成了上下级，这还得了？再加上何畏也不是个省油的灯，三下两下把余天云整得一头乌青。于是乎，余天云今天骑瘸子，明天骂哑巴，能给他上课的教员几乎都被他戏弄过，甚至连刘伯承都被他气得浑身发抖，最后逼得张国焘亲自赶到学校，把余天云骂了个狗血喷头，强令他当众向刘伯承道歉。

经过这事儿之后，余天云情绪消沉，偏偏在这节骨眼儿又发生了另外两件事儿，更令他难以接受，最终导致余天云走上了绝路。

第一件事，是他妻子的死讯。余天云的妻子名叫刘伯新，1934 年任红四方面军妇女独立师第二团团长，红四方面军过草地前，因为下属饥饿难耐，刘伯新便开枪打死了一头牦牛，藏民把这件事告到张国焘处，张国焘无奈之下批示枪毙了刘伯新。刘伯新的死对余天云的刺激很大，红四方面军的老人说：如果刘伯新不死，可能余天云也不会死。第二件事，何畏对余天云不尊重自己本来就有气，再一看张国焘也没给余天云好脸儿，于是强行命令余天云背米行军，这在自尊心极强的余天云看来简直是天大的侮辱，多次跟何畏发生口角。最后，何畏命令士兵把余天云捆在担架上，抬着他强行行军！

谁也没有料到，在 1936 年 4 月大军向北移途中，当部队行至丹巴县大金川一个铁索桥上时，余天云突然骂了句"去他娘的……"，翻身一拧，连人带担架一起翻进了激流汹涌的丹巴马河，年仅 30 岁。

红四方面军最年轻的军长，天之骄子，就这样奇异地陨落了。

73岁的马德群大爷说：芦山是雅安地区的一根扁担，一头挑着天全，一头挑着宝兴。80年前，极度困乏的长征人马到达芦山，突然发现这里地势相对平坦，粮食蔬菜异常丰富，是个休整打尖的好地方。于是，芦山就成为当年"红军的天堂县"了。

67岁的冯名治数点蒋介石成败：蒋介石一生挑翻了无数的英雄豪杰，但他最大的不幸，是跟毛泽东生在了一个时代。

前方是大雪山，前方是大草地

（2014年8月25日）到达宝兴县，这是川军封锁"天芦宝"的最后一道防线。

过了宝兴，红军面对最恶劣的自然环境拉开序幕。

前方是大雪山，前方是大草地。

回首九个月的漫漫行程，才体会到当年那群少年从江西瑞金出发，其实就是登上了一列悲壮的死亡快车：中途每一站都是一次惨烈的淘汰。能活到宝兴已经是抽到了上上签。但有谁知道，从这里，体能极限的的考验才刚刚开始。

能从江西、广东和湖南突破四道封锁线的，逃不过湘江血战；能从湘江侥幸突围的，逃不过老山界的崇山峻岭；能翻过猫儿山活命的，逃不过乌江的激流险滩；能活着进入遵义的，躲不过四渡赤水；能从贵州平安进入云南的，逃不出金沙江水的拍打；能顺利钻过云川浪花的，躲不过彝人的追杀；能活到大渡河边的，逃不出川军的堵截；能全身翻过二郎山到达天芦宝的，哪里知道后面的雪山草地还有八千个死亡名单在等待着他们。

当年能闯过熬过活过这一道道鬼门关，能安全到达陕北的人，个个都是军神啊。

我目前的行进速度已经比当年的红军慢了两个多月：1935年6月至9月，刚刚翻过大雪山的红军闹起了内讧，这倒给了我一点追回行程的时间。

血统纯正的红四团

（2014年8月27日）今天在波涛汹涌的宝兴河边才知道了一件超级牛的事儿：原来红军长征的"铁先锋"红四团，前身竟然是大名鼎鼎的国民革命军第四军的"叶挺独立团"。

怪不得长征能造就出这么一群军神，原来这支军队的血统如此纯正，基因了得啊！

凡是对近现代军事历史稍微有点兴趣的人，没有不知道张发奎铁军第四军的：那是当年孙中山陆海军大元帅府一等一的铁甲车队呀！后来在北伐战争中彪炳史册的"叶挺独立团"为中共军队造就了多少军事将星。

据不完全统计，1955年全军授予少将以上军衔的，有79人都是从这支部队出来的：其中元帅3人，大将2人，上将8人，中将18人，少将48人。

事实上长征铁流二万五，仗仗都有红四团的份儿，其中奔袭道县，血战湘江，强渡乌江，攻打娄山关，飞夺泸定桥，过雪山草地，突破腊子口基本上把红四团的家底儿都拼光了。

我要说红四团牛，是牛在一个人身上：1995年8月，在开国上将的家里采访，其中杨成武、耿飚、王平都不约而同地提到了这个人：他叫黄开湘（也有称王开湘）。

黄开湘是红四团的团长，他的前任就是"耿猛子"耿飚（建国后，官至国防部长）。长征时，黄开湘的手下猛将如云，连后来中国人民解放军王牌中的王牌军长"梁大牙"（38军"万岁军"军长梁兴初），都是黄开湘的手下，可见此人有多凶猛。长征过程中，毛泽东但凡遇到攻坚克难之事，必点红四团这杆旗。

但就是这么一员虎将，过尽千山万水，历经千征百战，却在胜利到达陕北的第28天，死在自己的枪口下。

杨成武上将说："1935年11月，中央红军与陕北红军胜利会师，我们接到中央通知，参加全军团以上的干部会议，那天策马扬鞭，一口气跑了50多里山路，出了一身大汗。在会上听毛泽东的总结报告，心里格外激动。会后，中央觉得大家很长时间没有吃到荤味了，于是决定给每人发了1块大洋自己加餐。那时陕北物资很便宜，一块钱能买5斤猪肉，一只羊只要3块大洋，老战友聚集在一起便痛痛快快地狠吃了一餐，回来的路上又淋了一场大雨。可能出汗、淋雨，肚里又灌了些油水，结果我们两人都得了伤寒，黄开湘比我病得厉害，我送他到军委卫生部住院，万没有想到这一别就成了我们的诀别……黄开湘住院后，连日高烧40来度，处于昏迷状态，再加上缺医少药，他在极其痛苦的状态下搂响了藏在枕头底下的左轮手枪，被子弹击穿头部而死！"

黄开湘似乎生就是为长征而来，在征途中多少磨难，多少恶战都没有撼动他一根汗毛，却在最应该享受胜利的喜悦时，一代辉煌的将星就这样陨落了。

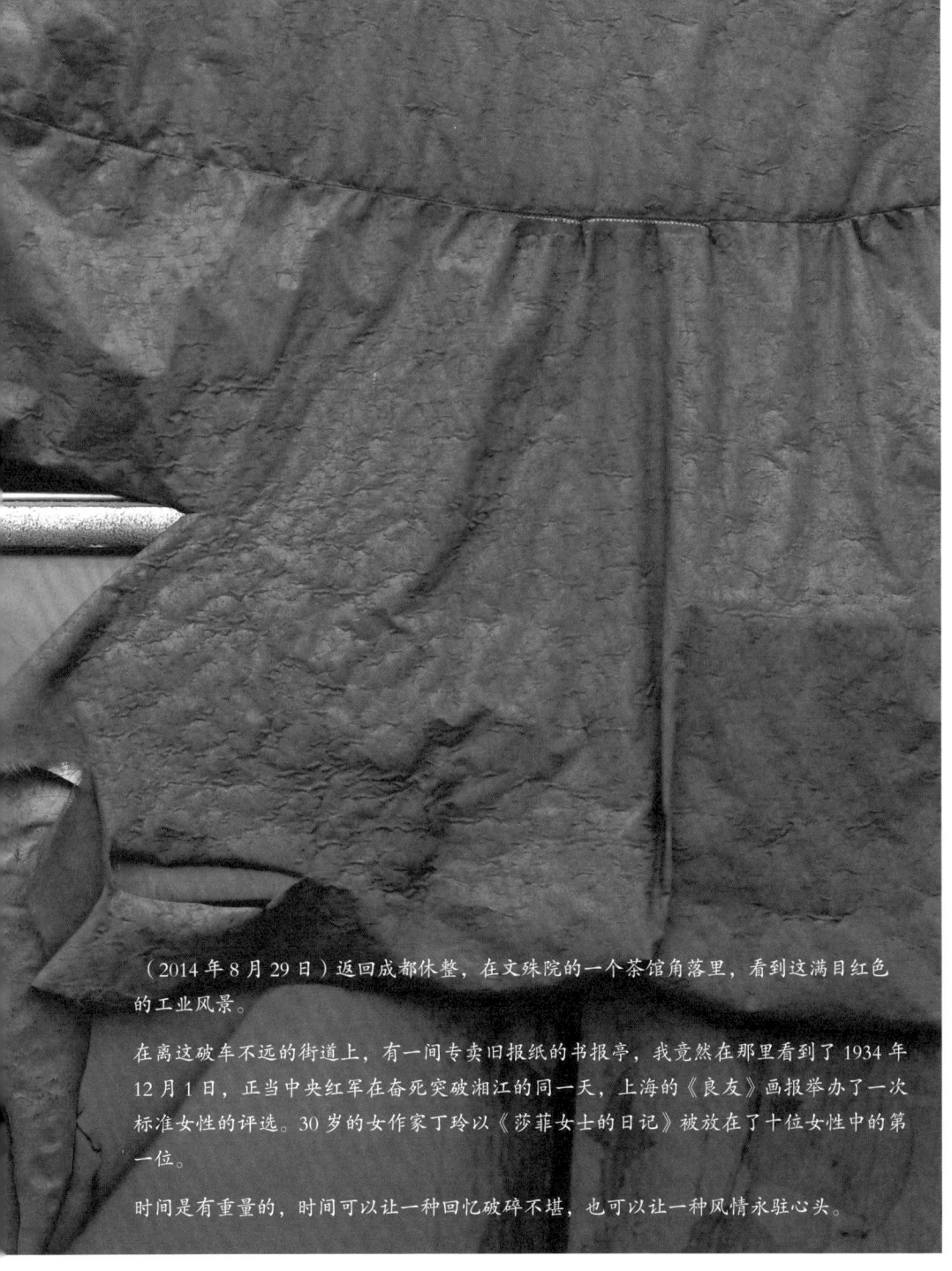

（2014年8月29日）返回成都休整，在文殊院的一个茶馆角落里，看到这满目红色的工业风景。

在离这破车不远的街道上，有一间专卖旧报纸的书报亭，我竟然在那里看到了1934年12月1日，正当中央红军在奋死突破湘江的同一天，上海的《良友》画报举办了一次标准女性的评选。30岁的女作家丁玲以《莎菲女士的日记》被放在了十位女性中的第一位。

时间是有重量的，时间可以让一种回忆破碎不堪，也可以让一种风情永驻心头。

9月3日,到达硗碛(藏)乡夹拉村,从这里翻越大雪山,到若尔盖走出大草地,估算需要将近20天的路程。

是谁在若尔盖大沼泽里来来回回蹚了三遍

（2014年9月3日）在历史上，这段路是长征中最具有标示意义的一段路，它的艰难和困苦压过了红军其他路程所有经历的苦难。这其中饱含了三个方面的折磨：

1. 吞噬人命的自然地况。

2. 极度饥饿下的生理透支。

3. 两支红军部队汇合后的领导内讧。

这些原因，让原本可以在一个月内走完的路程，整整拖行了三个多月！现在回头来看，跟着毛泽东一直向北的红一、三军团算是万幸，只过了一遍雪山草地，而由张国焘率领的红四方面军则在这片世界顶级的无人区里来回蹚了三遍！把两万多个年轻的生命丢在了这里。

有个误区需要在这里纠正一下：红军过雪山草地吃草根吃皮带的经历主要是发生在张国焘红四方面军和后来贺龙萧克的二、六军团身上。毛泽东率领的一、三军团因为是一次性闯过去并且没有再走回头路，所以部队减员远远低于其他各路。

损失最惨重的要数张国焘的红四方面军，因为两过雪山三过草地，很多能熬过一次两次的将士却熬不过第三次，特别是最后一次往甘孜、炉霍方向转进时，茫茫大草地已经被大军来回踩得稀透烂，陷入泥沼的人马数以万计，最后实在没办法，只好以泡涨的尸体来当垫脚。

地球变暖，夹金山上已经没有雪了

（2014年9月4日）从硗碛新寨子开始徒步翻越夹金山，这是一个盼望了很久的日子呢。

夹金山，是红军长征翻越的第一座大雪山，80年前，各路红军一共翻越了八座海拔在4000米以上的大雪山：夹金山、梦笔山、亚克夏山、昌德山、达古山、虹桥山、鹧鸪山、巴朗山。

在飞雪弥漫、空气稀薄的亘古冰山上，来自温暖南方的红军战士不但要抵御寒冷，还要面临因空气稀薄呼吸困难的痛苦：头晕腿软，一步一停，一步一喘，不敢真的歇下来，因为一旦坐下去就永远起不来。后人们或许并不知道这个数字：在1935年7月到1936年8月间，仅亚克夏雪山至黑水途中，红一、四方面军就有近万名战士倒下，他们的坟包很快就被大雪掩埋了。

师永刚先生在《红军》书中说，在今天科技发达、装备充足、保障到位的情况下，营养状况良好的现代人去攀登其中的任何一座雪山都堪称"探险"。而在80年以前，这支能够以简陋得难以想象的装备却征服一座又一座雪山的军队，或许依靠的就是信仰的力量。

也许是因为地球变暖，也许是因为老天爷格外开恩，今天的大雪山上已经看不到雪子，只有绿茸茸的牧草充满了视野，翻越夹金山基本上就是在跟一个巨大的绿色簸箕较劲儿了。

最让我开心的，是深圳哥们儿敬轶群专程飞来跟我一起翻越夹金山。

这对我来说绝对是一个激励。

从夹金山的山脚到垭口，缓慢爬行了10个小时，再从垭口到北坡夹金村四个小时，虽说比当年红军慢了三个多小时，但心中还是喜不自禁。

夜宿夹金村，继续向达维镇急行，中午就走到了达维会师桥边。当年红军是在这里会师，而我却在这里跟老敬分手，他回深圳，我去小金（懋功）。

至少今天天公作美，给赏了一个无与伦比的晴空万里，这一定是老敬超好的人品换来的。

在垭口，我们还接受了罗雷和张梧峰的指定，在海拔4114米的山上搞了一下"冰桶"，只不过把冰水换成了草籽，当整桶的草籽从头顶倾泻而下时，我在心中默默祈祷：企盼来年这些草籽，能在雪山生根发芽，郁郁葱葱。

二战中驼峰航线向北延伸后，美国空军曾有30架飞机在川西山地坠毁，如今夹金山的大雪塘还散落着飞机残骸。从夹金山脚到垭口，地理地貌变化多端，少有的原生态景观，绝对是徒步旅行的天堂路线。

当年红军为了躲避围堵，一不小心把中国西部最为瑰丽的大美风光串连起来了！

夹金山的山脚下竟然是一片原始森林,这大大超乎了我的想象。上世纪初,曾写过《登临中国西部阿尔卑斯山》的美国地理学会教授罗林·夏柏林最后因自己未能走进这片神秘的山麓而遗憾。

长征途中一次充满了隐痛的大会师

（2014年9月6日）从达维镇到达小金县（懋功），全程36公里。

应该说，从达维开始，长征进入了一个辉煌但又充满了隐痛的阶段。

一方面，两支最重要的红军队伍终于在这里会师了；但另一方面，红军内部的权力划分又出现了新的格局。

红四方面军一直尊称红一方面军（中央红军）为老大哥。可是当他们列队欢迎老大哥时，才发现这是一支比丐帮还要丐帮的"叫花子"队伍，这不能不让红四方面军的将士倒抽了一口冷气。

对于红四方面军领袖张国焘的到来，中央大员们给足了面子：毛泽东率所有领导出迎三里，站在雨中等候。据说张国焘是骑着一匹白色的高头大马，昂扬而来时，还溅了毛泽东一身泥水。

两支大军汇合，实力立见高下：红一方面军只剩下不到三万人，而且，其中还有将近三分之一的老弱病残（非战斗人员）。而红四方面军拥有雄兵八万，斗志昂扬。

这有点儿像是几位集团总公司的领导，很落魄地来到了分公司经理面前，衣不蔽体，面黄肌瘦，口袋里的银子也所剩无几了。而分公司经理正当春风得意之时，资金雄厚，财大气粗，再加上他本身就拥有比总公司领导更深的创业资历，于是乎，一种股权分配不公的惆怅便弥漫在分公司经理的心头上了。

张国焘在历史上，有一个出了名的作为，就是创造了极度残忍的"张氏肃反"模式。

"肃反"在中共历史上是一道冷飕的闪电，和平年代的人们不理解那时的凄风苦雨，总觉得这是早期共产党人残酷的表现。实际上，只要把身体穿越到那个年代，马上就可以感受到那代人贲张的脉搏了：那是一个天天见血，天天死人，天天出叛徒的年代；

红一方面军和红四方面军会师的地点:懋功天主教堂。

身边一群一群拿枪的弟兄,说开枪转身就朝你开枪的年代;人人神经质,人人高度紧张,人人都随时准备掉脑袋……这种精神环境就像病毒一样地在每一根紧绷绷的心弦上传播。

这是和平年代人坐在咖啡厅里想象不出来的战争肌理。

于是"肃反"运动就在这样的心理环境中爆发了:在自己的阵营里,大批地错杀,大群地误杀,血雨腥风……而在一次又一次"肃反运动"中,张国焘残忍到了极致,他甚至把甄选反革命分子的标准降到了最简单的程度:鼻子上架眼镜的,上衣兜里插钢笔的,手心里没老茧的……女红军王新国,因为长得漂亮而在炉霍被处死。

红四方面军就是这样一步一滩血洼地走到了小金(懋功)。现在,中央红军和毛泽东们像一群乞丐一样地站在了张国焘面前,他的心里会怎么想呢?

巴西会议的旧址早已在一场大火中付之一炬了,剩下的残垣断壁反而更多了一种深深的意味。它让人扪心品味大江东去,浪淘英雄的浩瀚千古。

红四团的团长距离生命的终点只有四个月了

（2014年9月7日）今天从小金（懋功）向马尔康方向，第一个宿营地在抚边乡，全程42公里。

抚边，一听这地名儿就有故事。当年小金（懋功）是有名的鸦片集散地，也是个巨大的匪窝子，康熙派出的剿匪大军，就是从马尔康的卓克基翻越梦笔山直捣抚边镇，这条路线正好跟长征走了一个反向：当年红军是在小金（懋功）开完了会师联欢会后，由抚边，经两河口翻越梦笔山（第二座大雪山），到达卓克基而后进入茫茫大草原的。

从现在开始，红军底层官兵欢歌笑语，但是上层领导各怀心事，长征路就是在这样一个复杂的背景中向前延伸的。

有一个故事足以说明当时红军官兵的愉快心情：红四团的团长黄开湘和政委杨成武几个月来第一次睡到了温暖的屋子里，两条精壮的汉子竟然不约而同地失眠了！他俩就着炉火边整整聊了一夜，聊共同经历的战斗，聊死去的战友，聊胜利后各自心中的理想。

黄开湘并不知道自己的生命只有四个多月了，但他那晚跳跃的眼神却在杨成武的心中存留了一辈子。

两军的会师还为一个年轻将领带来了巨大的机遇：这人就是李先念。

毛泽东是在达维镇第一次见到了红30军政委李先念，小李以他诚恳的态度，缜密的思维，流畅的表达，获得了毛泽东的高度注意。

回顾红军将领在毛的提拔晋升体系中，一般是"双一"占优：即红一方面军之红一军团。但也有例外，如红四方面军获得青睐的高级将领李先念、许世友等人。

"肃反大王"动了杀心

（2014年9月7日）红一、四方面军会师之后，张国焘一路别扭，具体细节在后面几天慢慢咀嚼，不过这两天读他写的《我的回忆》，倒是能品出一些另类的滋味儿：张国焘和另一位叛变的中共高官龚楚有着惊人相似的经历，都是以很高的中共职位叛变，都获得了蒋介石不疼不痒颁发的中将军衔，都像鸡肋一样被国民政府踢来踢去，都写了一本为自己贴金的回忆录。

不管以后结局如何，此时骑在高头大马上的张国焘心情一定十分复杂，从抚边到两河口，再到卓克基，再到黑水红原大草地，会议是一个接着一个地开，越开越不顺溜，闹到最后变成了整个中革军委都在为他平衡职位，平衡也只是权宜之计：当一个人觉得自己应该是当皇帝的料时，你给他任何职位，他都会觉得是一种屈辱，有了这样的心理基础，肃反大王张国焘动了杀心也是正常的。

从抚边到达两河口，全程26公里。

毛泽东的三个"九月九"

（2014年9月9日）两河口不大，但两河口会议却意义重大：在红军长征途中，一共有23个重要会议像珍珠一样，把线路串连起来了，从宏观上可分为三个系列：

第一系列，是从通道会议开始，以遵义会议为核心，直至会理会议近十次会议。这个系列会议的历史作用，是确立了毛真正的领导地位。

第二系列，就是从两河口会议开始，直到俄界会议，有七次。这些会议是毛不断跟张国焘斗争的会议，除了坚定毛向北向北再向北的理念，也最终促使张国焘动了杀机。

第三系列，是从哈达铺会议开始，直至到达陕北所召开的六次会议。这些会议为红军

周恩来的雕像伫立在一片民居的旁边，据说他站在这里俯视百姓的生活，已经有十几年了。如果他能看到现在的子民后代的生活状态和精神动态，他会作何感想？或许，周恩来在中国历史上所发挥的巨大作用，在80年内看不清，在100年内看不清，但随着历史距离的拉伸拉广，周恩来巨大的历史自觉将会日益清晰地显现在历史上最紧要的关头。我们只知道周恩来是早期中共中央中三人团的核心人物，但谁也没有注意到，正是由于他的努力才使得毛泽东成为长征中的主角。

最终找到落脚点，并为下一步的发展锁定了大致方向。

今天，看到两河口的一些藏族老人都去给毛泽东的雕像敬献哈达，挂经幡，这才想起来：今天是9月9日。

说来也怪，毛泽东一生尽跟9月9日有重要关联：1927年9月9日，是毛真正出道的日子，他策动的秋收起义为自己践行枪杆子夺权迈开了第一步，所付出的代价是差点被几个民团士兵带去枪毙，后来这9月9日第一劫算是躲过去了。

1935年9月9日，是张国焘跟毛在南下和北上问题上争执不休，张动了杀机，准备对毛"彻底展开革命的斗争"时，幸亏叶剑英及时"告密"，这才让毛连夜率军出走，后来毛每每回忆那个惊心动魄的时刻，都会叹曰：那是他一生最黑暗的时刻！由此可见这第二个9月9日之劫给他心理上蒙上了多大的阴影。

1976年9月9日，毋庸多言，大家都知道：是老人家去世的日子。

从小在两河口镇长大的董大爷对我说：毛泽东和张国焘斗了半辈子，但他俩却有一个共同特点：都不太喜欢知识分子。毛没上过大学，倒还能理解，那张国焘好歹也是北京大学的高材生啊，他对知识分子简直是不共戴天，红四方面军里的知识分子被他杀掉了很多。

我问董大爷，张国焘为什么那么讨厌知识分子？董大爷脱口而出：知识分子嘴杂，多事儿，平时挑唆大伙儿瞎猜乱疑，到了要命的时候就一拨儿一拨儿地叛变……我听了哈哈大笑：董大爷你可以做张国焘的代言人了！

董大爷等我笑完，一本正经地告诉我说：到最后，连张国焘这个北京大学的大知识分子也叛变了。

在卓克基土司的官寨门口，一位藏族阿妈给了我一个说法儿：中国国势的"生门"在西北，当年红军长征恰是走了一个"生门"，而翻雪山过草地就是进"生门"前的一次洗礼。雪山为阳，刚硬；草地为阴，润泽。经过这一阴一阳的交合洗礼，虽说过程惨烈，但恰是一个新生命诞生的过程。

饱饱地找红军

从两河口经过大板村，到达木城村（梦笔山脚下），明天将翻越第二座大雪山。

也可能又将面对海拔4000米以上的高山，老天爷今天特地赏给我一段绝美的平路：空气清新，繁花似锦。很有法国普罗旺斯那些小镇的感觉：人人笑颜和美，家家姹紫嫣红。

卓克基，充满传奇色彩的藏寨，是翻越梦笔山天险后，极具战略意义的军事要塞。

这几个月的长征路，一路都有好人好运包围着我：不管是苗人瑶人侗族人藏人，也不管是江西湖南贵州四川的，只要听说我是在走长征路，一句朴实的叮嘱，一个温暖的笑容，一竖给力的拇指，都会让我如沐春风！背包里常常会被悄悄塞进各种各样好吃的：鸡蛋，香蕉，柑橘或是刚刚出笼热气腾腾的白面馍馍。

在贵州苟坝，一位大爷为了能让我吃上一顿家里的午餐，不惜跟儿媳妇翻脸。

早上出发前,房东阿妈突然问我:"中秋节,你吃月饼了吗?"我说没吃,她二话没说,返身上楼拿下一个大饼来,切成几个三角硬塞到我的背包里,然后一边拍着我包上的尘土,一边用半生不熟的藏族普通话说:"小伙子,慢慢地走,饱饱地找红军去吧!"

在龙胜瓢里,一个瑶族老婆婆怕我晚上冻着,竟然拿出了她家最好的棉被来给我盖……每当渴了饿了累了无助了,总会有各种贵人出来相帮相助!

出发前,曾有朋友热嘲冷笑地问我:"左力你想干嘛?你去找红军?红军早没了,死光了,你到底想要找到点啥……"

可这一路上,我分明能感觉到红军没有走远——他们就在幽幽的深山里,他们就在宽宽的大路旁,他们就在每天晚上借宿的百姓家的枕头边儿,他们就在每天清晨阿妈塞进我背包的鸡蛋面包里。红军没有死啊,红军就在中国大地百姓家袅袅升起的炊烟里。

马上就要进入松潘大草原了,如果真能被阴柔润泽的大地洗礼一番,我宁愿获得一次重生。

从卓克基经过梭磨乡到达三家寨。这一路还是山系不断，山雨连绵，阴冷的藏地寒风裹挟着牦牛的腥味儿直往领口袖口里钻。非常后悔没在梭磨乡停下来，结果后面这20公里的山路完全被浇成了落汤鸡。

另一种说法的"红军树"

（2014年9月12日）昨天中午，在一个小鞋摊儿上遇到一个老爷子，给我讲了一段"红军树"故事。

老爷子说：长征路上关于红军树的故事多了去了，但卓克基红军树的来历没人说真话，那都是小红军战士的尸体给养出来的啊！

当年红军过夹金山和梦笔山前，部队要求所有的战士都要准备一支拐杖，上山自己拄着，下山留着抬人。好多战士就拄着一根小白杨树苗爬雪山了。你想想当时过雪山那冻死累死了多少人？最可怜的是那些熬过雪山到了卓克基的小兵兵儿，身子已经完全垮了，

只是把命撑到了山下：一屁股坐地上就起不来了，再加上一个晚上又冻又饿，就那么抱着小白杨树苗悄悄死掉了，不是一个两个啊。红军大部队星夜赶路，谁顾得上收拾这些尸体，老百姓也不敢去弄啊，一个个就那么坐在那里过了整个冬天，第二年开春雪一化，人都成了骨架子，怀里的小树却长出绿叶了……

民间传说的故事，你已经很难考证是真是假了。但长征路过的故乡，却是每个当地人心中的远方。他们逢人就说，见人就说。在城里人不屑的眼中，他们依然是那么真诚地坚信着。

明天,我该向东还是向北呢?

十字大沼泽

（2014年9月13日）到达壤口。这次，可真是到了一个令人纠结的三岔路口：因为红军不是按一路纵队过草地的，而是一路往东过亚克夏雪山，到达黑水，再经过松潘大草原，到达若尔盖。另一路往北翻过查针梁子，进入红原，通过瓦切的干日乔大沼泽，再向东到达若尔盖。

这两条线路各有特色：向东（黑水）基本上是跟随中央纵队，这一线可以领略几个重要会议的旧址以及松州古城的风韵，历史意义突出。

向北（红原）才是真正体会红军过大草地的感觉：因为当年红军牺牲最多的就是在这条线路上，干日乔大沼泽处于瓦切草原的腹地，深不见底的泥沼吞噬了上万红军的生命。

红原,顾名思义:红色的草原。据说这是当年周恩来为了纪念那些命丧草原的红军战士,特别为这片草原命名的。

红军过草地的五种死亡方式

(2014 年 9 月 16 日)经安曲乡沿着草原公路走到红原县城。累坏了,扒拉点资料权当日记吧。

红军过草地之艰难,是后人难以感受到的。

1935 年 8 月 7 日,红军左路军先头部队红 25 师 74 团率先进入草地,自此,长征中最为悲壮的死亡行军开始了。

过草地最怕没踩着草甸陷进泥沼,泥沼一般很深,如果拼命往上挣扎,会越陷越深,来不及抢救就会被污泥吞噬。当年的红军,往往是一个人陷进去后,另一个人伸手去拉,用力过猛也会被带着陷进去。途中的泥水不仅不能饮用,而且破了皮的腿脚泡过,还会红肿甚至溃烂。

中国人熟知的吃草根、煮皮带的故事就发生在这个历史的部分。

一开始先头部队还有野菜、树皮充饥,到了后续部队,则连野菜、树皮都吃不上,更辛苦。没有能吃的野菜,就将身上的皮带、皮鞋,甚至皮毛坎肩脱下来,还有马鞍子,煮着吃。有的战士饿得实在没吃的,就将别人屙的屎里没有消化的青稞麦,或者自己屙出来的,一粒一粒挑出来,洗了再用茶缸煮着吃。

喝也是同样艰苦,很多战士,人尿、马尿都喝过。饥饿和疾病威胁着每一个人的生命。死亡越来越多,后边的人无须向导,顺着络绎不绝的尸体,就可以准确地找到行军路线。

1936年,根据三个方面军统计的牺牲人数,特参列如下:

红一方面军1935年6月过草地之前统计,共有2万人,过草地之后剩下1.3万人,死亡6207人。

红二方面军1936年7月过草地之前统计共有1.6万人,走出草地时为1.2万人,死亡3092人。

红四方面军三过草地损失最大:仅以第三次过草地统计,即损失近7000人,加上第一、二次过草地损失的人数,统计总共死亡28000余人。

红军过草地主要有以下五种死亡威胁:

一、溺死。据统计,有一大半红军战士是在深陷沼泽无人能救的情况下,越挣扎越无望,最后慢慢没入稀泥中活活溺死。

二、饿死。由于极度缺粮,在过草地时,红军战士几乎吃尽了身边所有能吃的物件:皮带,枪套,枪带,草根以及牲口粪便中的青稞粒。但即使这样,也没能挽留住上万条年轻的生命。

三、冻死。九月的川藏高原,天气骤冷,白天有阳光时,温度可以达到十几度,夜晚常常雨雪交加,甚至冰雹混下。红军大部分战士单衣单裤,几个昼夜在冰冷刺骨的沼泽草地中爬行,根本抵抗不了草甸下面的雪山冰水暗流涌动,一旦晚上找不到干燥一点的宿营地,大多一觉就睡到了阴间地府。更有女红军战士,恰逢生理周期,被冰水活激,从此失去生育能力。据康克清回忆,一生都忘不了那几天夜里,听到女孩子们在冰水中凄厉的惨叫声。

四、毒死。由于大草地里沉淀了几百年的腐质泥根,冰水呈黑色流质液体,具有强大的腐蚀能力。许多红军战士身体负有枪伤、刀伤以及长途跋涉留下的脚伤,这些伤口一见黑水立即感染,形成致命炎症,再加上缺医少药,体力透支,很多士兵正在行走中便一头栽进泥水,命撒荒原。还有一部分士兵是因为饿极了,从泥汤里刨出草根就吃,结果中毒身亡。

五、累死。据杨尚昆夫人李伯钊回忆,头天晚上,宣传队的女兵还在为军团的士兵唱歌鼓劲,一夜过去,几个女孩儿就在睡梦中死去了。当队长跑去向军团首长汇报时,首长却面色铁青地告诉她们:整个军团一夜下来,几百名战士背靠着背,在睡梦中,姿态一样甚至表情一样地死去了。

汉人的格萨尔王

(2014年9月17日)到达瓦切。

瓦切,在藏语中有"大帐篷"的含义,但又不完全是对普通帐篷的描述,它还有一点敬畏的辞意，这个区别有点像我们汉语中"大房间"和"大宫殿"的区别。

据当地藏人说，瓦切是格萨尔王曾经住过的地方。

很凑巧，我在这儿遇到了一位僧人，名叫多吉巴桑，他跟我聊起了格萨尔王，多吉说，在我们藏族人心中，格萨尔王就是英雄的同义词……英雄就是英雄，就像这些佛塔一样，就那么伫立在那里，虽然风吹雨打，破旧不堪，可他们依然伫立在那里，人们走过他们身边时，会情不自禁地顶礼膜拜。如何装饰，如何修缮，那都是外表的事情，他们就是那么伫立在你的心中，这不是佛塔本身的力量……这是一种精神的力量。

顿了一会儿，多吉又加了一句：长征中的毛，就是你们汉人的格萨尔王。

瓦切是红军过草地的核心地带，干日乔大沼泽就肆溢在这个区域里。在很多红军战士关于长征的回忆中，最恐怖的细节大多是发生在这里。据前北京军区空军司令员罗元发说，自从他亲眼目睹一些战友淹没入稀泥中，在水面上留下最后几个气泡后，从此他一生都见不得水面冒泡……几万条性命陨落在这片沼泽中，可能有几万个场景，但大自然能留给我们的，只有眼前这片静谧的草原。

现在的瓦切，已经成了风景区，当地政府为了方便游客参观，在沼泽地带的上方搭建了长长的栈道，我突然有一种强烈的冲动：想在这片草地中走上几公里，体验一下当年红军的真实感受。可是双脚一下水，我就已经在打退堂鼓了：沼泽中的黑泥冰冷刺骨，泥水中泛起的气泡恶臭熏人，只走了几百米就已经双脚麻木了，这样的烂摊子让人在里面摸爬几天……余下的我想都不敢多想了，唯一能说服自己的是，到了那样的节骨眼儿上，是人都得熬过去啊！可话又说回来，他们凭啥要熬？他们熬过去又想干啥？他们如此煎熬自己的动力到底在哪里？

在瓦切大草原的旁边，还有一处风景名胜：瓦切塔林，大大小小伫立着81座佛塔。

大草地上痛彻心扉的牺牲姿态

（2014年9月21日）在若尔盖的班佑河边，影影绰绰地看到有几百人坐在地上睡觉：背靠着背，肩抵着肩，很整齐地睡着。

当地藏人告诉我说：他们不是睡着了，是全部在睡梦中死掉了……大约三、四百人，都是18岁左右的男孩儿。在穿越了巨大面积的沼泽之后，冷极，饿极，累极，最后全部在睡梦中集体死亡。

班佑村62岁的老牧人扎巴多吉让说：当年的这群孩子就以这种姿态死去，无人料理，他们在班佑河边背靠着背，默默地坐了半年多，直到风吹雨打变成了骨架，也还依然是这个姿态坐在那里，宛如群雕一般。

当我们缅怀，就有了向往；当我们雄壮，就少了忧伤。

巨大的历史自觉

（2014年9月22日）从若尔盖班佑村经过巴西乡，阿西茸乡，到达求吉乡。

在毛泽东的一生中，高度评价的将领不算太多，获此殊荣的有叶剑英一份。

叶帅被毛评价为"吕端大事不糊涂"，份量相当之重。

原因很简单，当年就是在"巴西"这个地方，叶剑英几乎是在"千钧一发"的关键口儿上，救了毛泽东乃至中央红军一命（这段故事太长，其中细节很多朋友也都了解）。

把历史学家们喋喋不休谈论的"历史自觉"用在叶帅身上，可谓淋漓尽致。

有时候，一个人一生做对一件事儿就够了。

巴西会议之所以在历史上地位那么重要，就是毛泽东在这里做出了"走为上"的决断，迅速率领中央红军最后的一点家底儿逃出了张国焘的利刃。

从求吉乡再向东北，就进了达拉沟，这是一个巨大的死亡山谷，因为从这里进去，里里外外只有一条小路，如果当年张国焘下死令，一定要拿下毛泽东，那么在达拉沟解决问题易如反掌，因此在这里就不能不提到另外一个人：徐向前。

徐帅作为张国焘手下的总指挥，却在关键的时刻比叶帅更具有"历史的自觉"，他那句"哪有红军打红军的道理"不仅阻断了张国焘"党内斗争"的密杀令，也让他这一生都响当当地立在了毛泽东的心头。

兴亡谁人定啊，盛衰岂无凭？

一页风云散哪，变幻了时空。

一进入达拉山谷,风景骤然变得冷煞起来,山路两边青黑色的岩石刻满了刀割的肌理,山风吹得电线呜呜作响,真有点像是进了鬼门关的感觉。

凭啥就这么坚信着

(2014年9月23日)从若尔盖求吉乡,沿着包座河向东进入达拉山谷,由此离开了四川省,而正式进入甘肃省迭部县的区域了。

这一带曾经是长征中的中央机关最为危险的路段。当毛泽东带着红一方面军仅剩的7000人沿着达拉山谷步步惊心地向东穿越时,不知他有没有想到,他关于一年后红军会师的预言竟是惊人地准确。当毛泽东带着最后剩下的几千人,凭着什么意念指点,就要坚定地往这个方向走?当时张国焘已经给他手下的几万人马描绘了一张十分诱人的蓝图:"南下,到成都吃大米。"红四方面军大部分将士对此都深信不疑。

而毛泽东手下的一、三军团这几千号人凭啥就能相信,跟着毛往北就能脱离厄运?

毛泽东再唱一出"空城计"

（2014年9月24日）到达甘肃省迭部县达拉乡的高吉村。

"高吉"在藏语中读"俄界"，于是在历史上就有了著名的"俄界会议"。

"俄界会议"大部分还是解决张国焘的问题，具体细节史料中都有，在这里就毋庸赘述了。

倒是这个"俄界会议"的会址，充满了蹊跷。从地理方位上讲，这"俄界"是处于整个达拉山谷的死角位置，也就是说，当年中央红军在跟张国焘的部队分手之后，匆忙进入达拉山谷，那时整个红三军团和中央纵队几乎是不分昼夜沿着山谷狂奔的，因为谁都不敢保证张国焘想明白了会不会往死里追杀，这会儿就是一个硬理儿：能跑多远算多远！据史学家确凿证据，那天夜晚包座河涨水，连毛泽东都下冰河游泳了，可见形势危急到了什么程度。

可问题偏偏在于，达拉山谷延续到"高吉村"附近有一个分岔口：往东北方向去卡坝乡，是整个山谷的出口；而往西北方向去俄界，是一个死胡同。在当时形势那么紧张的状况下，中央红军为什么不往出口跑，反而要到"俄界"这个死胡同里落脚呢？

我想，这很可能是毛泽东又唱了一出空城计。

因为按兵家常识，夺路而逃，必择气口，即使追杀，这也是意料之中的线路。可是毛泽东在没有搞清张国焘的究竟意图之前，宁可要边走边布局：如果闷头往出口跑，完全是在人家的算计之中，如果反其道而行之，潜入死角，恰合兵法中的攻其不备的策略，实际上，这枚落子具有相当的风险，非胆大心细而不敢为之。

也难怪当地的老乡现在还把那个关乎生死的分岔路口称作"哨位"呢，真不知毛当时在开"俄界会议"时，放了多少明哨暗哨游动哨在那里呢。

在俄界会议旧址前,两位"小军人"在我的镜头前庄重地行了他们心中的军礼,这让我一下感受到了儿时的梦想。

天上真的掉下肉馅饼

(2014年9月25日)从卡坝乡出达拉山口,经尼傲乡到达旺藏乡。

旺藏乡是个藏人为主,回汉混居的大乡,紧挨着乡政府的茨日那村是个年年都有政府补贴的小村庄,因为毛泽东曾在这里居住过。

有时候,人不信命还真不行:就在张国焘率大队人马饥寒交迫地啃着草根嚼着皮带重新过雪山草地时,毛的一、三军团却在这死地一般的达拉山谷里发现了一个大粮仓:在一个名叫崔古仓的小山村里,红一军团的前卫部队遇见了一个名叫杨积庆的卓尼土司,他竟然在山谷的私人粮仓里囤积了20万斤粮食!这对几乎饿到虚脱的红军战士来说,不啻就是一根救命草!

吃饱喝足!接下来在每个人内心所产生的微妙心声不言而喻:在这鸟不生蛋的穷山沟里,能突然捡到天上掉下来的馅饼,冥冥中是不是吉人自有天佑的意思?这一剂强心针太给力了,因为再过几天,他们就高质量完成了在世界军事史上都堪称经典战例的高难度作业,那就是腊子口战役。

一进茨日那村,老人们就告诉我:当年毛泽东就是在这里下达了攻击腊子口命令的。有几个藏族青年一个劲儿地问我身上带烟没有?我以为他们自己要抽,比划了半天才搞明白,他们是提醒我去看旧居时一定要给毛敬一支烟的。毛当年住在桑杰的家里,现在政府每年给桑杰家12000元,要求保持原样儿,当年毛住时啥样就保持啥样儿。我问桑杰有没有毛住在这里的细节故事,桑杰使劲摇头说:那都是上一辈人的事情了,我们哪里知道?倒是在我给毛敬烟时,桑杰嘟囔了一句:打腊子口之前,毛和几个手下在这个房间里分饼子吃,还说等打下腊子口,饼子管够!穷尽我的想象:那会儿能跟毛分吃饼子的手下无非是林彪,聂荣臻,陈光或是黄开湘,杨成武。反正大伙儿往嘴里塞饼子时,谁也没想到随后而至的腊子口血战会在中国军史上那么有名,更不会琢磨这么一场惨烈的战役跟饼子管不管够有什么等价关系。

军人就是军人:不管前面是刀山是火海,命令一旦下达,便是坚决地服从和执行。

距离腊子口还有两天的路程。

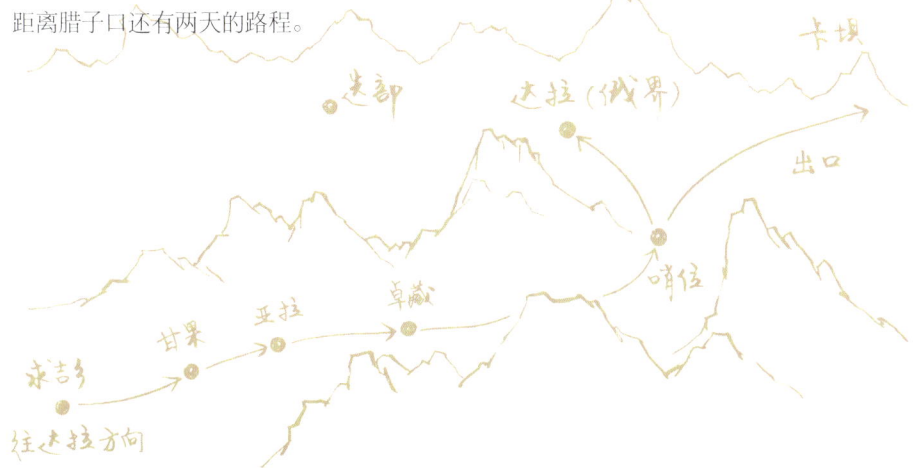

离开旺藏乡往腊子口方向,有一根独木桥横在白龙江上,茨日那村的桑杰说:当年这个桥还很完整,毛是自己走过去的,但周恩来是被人用担架抬过去的。

过草地时,周恩来是差点儿丢了命的

(2014年9月25日)众所周知,周恩来的身体一直都很棒,目光炯炯,精力过人,在长征开始后的300多个日日夜夜里,他基本上是处在高压力高负荷的状态中,直到过完雪山跟张国焘会师了,他的精神才稍有放松。

可问题就出现在这小小的放松上了:红军刚一进入草地,周恩来先是几天的高烧,接着就开始进入轻度昏迷,当时的军医把他的病当成疟疾治了,结果越治越糟糕,到最后基本上就是看他只有出的气,没有进的气了。就在这时,周恩来生命中的三个贵人出现了:一个是虔诚的基督教徒傅连暲,一个是他手下的心腹爱将陈赓,还有一个就是后来的中国人民解放军总后勤部主任杨立三。

傅连璋一看见周恩来的状况就知道不是疟疾,而是一种寄生虫病,名叫阿米巴肝脓肿。当时周恩来的情况已十分凶险:肝脏被侵蚀,形成脓肿,再发展就是肝坏死,危及生命了。如果在今天,马上手术切开引流,排出脓液,再用抗菌消炎药进行治疗,并不难治愈。但在长征路上,完全没有条件开刀和穿刺,无奈之下,傅连璋只好给了一些治痢疾的易米丁,并让陈赓带人跋涉到60公里以外的雪山取来了冰块敷在周恩来的肝脏周围,为高热神昏的病人降温。

在中药和冰敷的帮助下,奇迹发生了:人体在肝脏出现脓疡后,一方面产生高烧,消灭寄生虫感染,另一方面居然主动在和肝脏相接的结肠部位产生溃烂,这样在肝脏中的脓液全部被排出、引流到大肠,最终周恩来排出半盆绿色的脓后,他的烧也慢慢退下来了。

病中的周恩来是随三军团过草地的,彭德怀组织了专门的担架队,并下死命令:宁可把装备丢掉,也要把周恩来抬出草地!

陈赓和肖劲光自告奋勇,担任了担架队的正副队长。当时抬担架的战士们经过长途跋涉,加上缺衣少粮,冻饿交加,体质都已虚弱到了极点,深一脚,浅一脚,担架无数次翻倒在泥水中,这时兵站部的部长兼政委杨立三也冲过来加入了抬担架的行列。周恩来病情虽重,但心里明白,他看到杨立三的双肩都磨破了,还在咬牙坚持,心中很难过,多次挣扎着从担架上爬下来要自己走,都被陈赓拼命拦住。

1954年,担任中国人民解放军总后勤部部长的杨立三患癌症去苏联医治,不幸病逝,当遗体运回北京时,身为国家总理的周恩来亲自前去抬棺,以示永远不忘草地之情。

1961年陈赓去世时,周恩来正在广州,他马上向北京打电话,提出追悼会务必要等自己回京后再开。他赶回北京下飞机后,没有回家便直奔设在中山公园的灵堂参加吊唁。

斯人已去,真情永在。

腊子口位于甘肃迭部县境内,是四川通往甘肃岷县的必经之路。

天降神兵"腊子口"

(2014年9月26日)从代古寺的三岔路口走到腊子口战斗现场只有15公里,今天的徒步任务不重,超级轻松的一天。

腊子口的藏语原意为"险绝的峡口",隘口只有30多米宽,两边是千丈悬崖峭壁,似被一把巨斧劈开,中间是水深流急的腊子沟,河上架有一座木桥,一夫当关,万夫莫开,这是进入腊子口的唯一通道。

有一辆豪华越野吉普戛然停在纪念碑旁,下来几个大屁股男人,仰头望望两边的山崖,很失望地说:我当是这儿有多险呢,不就俩破山包儿嘛……吹得挺邪乎,要给我,弄辆坦克,带十来个人,几分钟就冲过去了。

实际上，今日已通双行车道的腊子口和80年前作为战略要塞的腊子口，已经完全不能同日而语了。

80年前的腊子口，用杨成武的话说：长征经过的险关不算少了，但像这样险恶之地还没见过：小小的山口，不过30米宽，两面都是断崖绝壁，形成一个长达百米的甬道。这么狭窄的甬道，只需摆两挺机枪，准备几百箱手榴弹，任你怎么来，光用手榴弹都可以把人砸扁了。

攻打战斗一开始，确实显得毫无办法：死冲硬冲也冲不过去，林彪急眼了！甚至下令组织敢死队，但无奈口子太窄，敌人仅用手榴弹就控制了那段隘路，50米的路面上铺了满满一层手榴弹破片和没有拉弦的手雷，有的地方已经堆起了半尺厚，红四团伤亡惨重。

聂荣臻回忆："如果腊子口打不开，我军往南不好回，往北又出不去，无论军事上政治上，都会处于进退失据的境地。腊子口一打开，全盘棋都走活了。"

战争的辩证法非常奇妙：有时候，偌大场面的转机却在一个小小的元素上，腊子口战役的转机就落在了一名小战士身上，直到今天他留在史册上的名字也只是一个外号，叫"云贵川"。

正当火线打得无奈焦灼时，两名指挥员几乎同时窥破了对方一个防守上致命的缺陷：碉堡都没有顶盖儿！

这是一个关键的发现：它导致了后面的攻击方案做出重大调整。

红四团在正面仍保持着攻击态势，吸引对方火力；而另一股攻击力量从腊子口的右侧，攀登陡峭的崖壁，摸到守敌的头顶上去进行突袭。

怎样才能攀上这笔直陡峭的崖壁呢？"云贵川"出场了！这名从贵州入伍的苗族小战士毛遂自荐，他只用一个带铁钩的长竿子，钩住岩缝，便像猴子一样攀上绝壁，然后

军神之战——腊子口战役,是红军长征途中的一次少见的硬仗。

从上面放下绳索,迂回部队便顺着这条绳索一个一个攀了上去,接下来该发生的什么就不用多说了……

在腊子口的顶峰披上霞辉时,聂荣臻和左权来到腊子口桥头,面对半尺深的手榴弹破片层,伫立良久,慨然长叹。

攻破腊子口,意味着长征从藏区进入汉区唯一的门户被捅开了,蒋介石指望的最后一道天然关卡失效了。

哈达铺：红军的加油站

（2014年9月28日）今天终于到达了长征名镇：哈达铺。

80年前的哈达铺，带给每一位红军战士的震撼，绝不亚于一个现代吃货突然在巴黎遇到了一桌法式大餐：那种不期然，那种从天而降，那种五雷轰顶的幸福感在很多长征人的心中荡漾了一生。

哈达铺，一个回汉人共居的小镇，人口稠密，物产丰盛，最重要的是这里的人们对红军的到来表现出了相当友好的态度。

在哈达铺，军委领导有史以来第一次喊出的口号竟然是"吃饱吃好"，很多老红军一直到解放后几十年，都还亲热地称哈达铺为"长征的加油站"。

哈达铺的正街上有一种厚饼出售，名曰"红军锅盔"，这是当地老乡发明的一种食品：把白面揉到极致，加上茴香佐料，放在炉中慢慢焙烤，等茴香味儿完全渗入饼中，再放到阳光下暴晒三天，这样的"锅盔"存放半个月都不会坏，红军称它为"救命粮"。

哈达铺之所以意义重大，更有传奇故事：毛泽东在全军恶补营养时，多了一个心眼儿，他让手下最得意的侦察连长梁兴初去镇子里给搞点"精神食粮"来。铁匠出身的猛人梁兴初，外号梁大牙，日后成为中国人民解放军第38军之首任军长（38军又是全军唯一获得"万岁军"称号的王牌军）。梁大牙外糙里不糙，他接受任务后，带了几名战士，把哈达铺当地的邮局一窝端了：邮局里所有的报章杂志，凡是带字儿的东西全被他一股脑儿划拉到毛泽东手里了，结果毛就是从这堆旧报纸里睒取到了价值千金的信息："陕北有红军！"

哈达铺是真正让长征确定了落脚点的"加油站"。

从哈达铺开始，每一个长征人才真正明确地知道了下一步将迈向何方：到陕北去！

除了吃饱喝足,毛泽东在哈达铺还做了一件事儿,从某种意义上说,这件事甚至是长征中最有价值的一件事儿:他把红一、三两个军团幸存的 122 名连级以上的干部召集到关帝庙里,做了一个演讲。这演讲如果放在平时,也许就是一次普普通通的讲话,但这次的意义非同凡响。

这 122 名军人,个个都是经过了千锤百炼的军神。

尤其是在历经各种大难之后听到毛泽东的演讲,每个人都是眼含着热泪心潮澎湃的激情状态,马斯洛理论中最高层面的"自我实现",此时已在每个人的内心升华到了顶点。

后来的事实证明:这 122 个人,实际构成了推翻蒋家王朝的基本班底,也是在 15 年后敢在朝鲜战场上跟美国人亮剑叫板的中流砥柱。

对于刚刚经历过雪山草地,一个个饥寒交迫到了极点的红军指战员来说,哈达铺简直就是人间天堂:大饼、锅盔堆积如山,各种卤肉蔬菜应有尽有,一块大洋可以买三只鸡或半只羊,三五个战士合起来就能买一头整猪。

即使先人丢我，我也不丢先人

（2014年9月29日）今天一整天，经过闾井镇到达锁龙乡。

"锁龙"这个地名很有说法儿：据说毛泽东就是在这里吟出了"今日长缨在手，何时缚住苍龙"的诗句。

锁龙乡的老吴听说我在走长征路，神秘兮兮地告诉我说：爷爷就是红军……不过，爷爷是红军里的逃兵！当年红军打完腊子口，爷爷受不了那个苦，临阵脱逃，留在这里娶一个本地的姑娘过日子了。

几十年过去，物是人非，老吴的爷爷经常因为这段经历遭到村里人的嘲笑，死的时候比较凄凉。不过据老吴说，他还是以自己的爷爷当过红军为荣！过去年代里人心咋想的现在谁也说不清……老吴淡然地说：爷爷犯下再多的错也还是我先人，先人打下的江山……即使先人丢我，我也不丢先人。

陇西神仙镇

（2014年9月30日）今天走过的三个镇子，名字都超好听：滩歌，山丹，鸳鸯。

原以为过了雪山草地，后面的路况都不在话下，谁知这陇南山地比贵州的黔南山系还要折磨人，听鸳鸯镇一家拉面馆的师傅说：等进入通渭地区，路更难走！

夜宿鸳鸯招待所，竟然没有热水，这让一个对鸳鸯浴充满了遐想的旅人情何以堪？

昨天晚上，参观了122位军神聚集开会的关帝庙，随手画了一张《关云长造像》，以表达心中对英雄的敬仰。

通渭县是中国有名的书画之乡,这里的男人无论粗细都能画上两笔,据说这里的女孩儿找男朋友,必先看看这男人字写得如何,然后再看他的经济条件。

毛泽东的一字之师

(2014年10月1日)进入甘肃通渭县境,到达榜罗镇,这里又是一个重要的会址所在。

还记得在贵州遵义,跟好朋友张梧峰一起参观红军政治部大院时,他突然感慨道:这红军驻扎的地方,风水都不错呀!言者无心,听者有意,此后这一路,我非常留意中央红军扎营的地理环境,确实发现他们在每一个宿营地的选址上相当讲究,尤其是几位高级将领的住处很有看点。毛泽东在长征路上大约有200个住点,大部分都是寺庙和地主小院儿,如果哪个风水师细致有心,光把这200多个宅第考查一遍,肯定也能出一本畅销书呢。传说归传说,有一件事儿倒是千真万确:毛泽东的《七律·长征》是在通渭首次朗诵出来的。而且其中最精彩的对句"金沙水拍云崖暖,大渡桥横铁索寒",第一次是被读成了"金沙浪拍云崖暖",后来一位名叫罗元贞的知识分子提出不妥,他认为把"浪拍"改为"水拍"更无重叠之累,毛听了拍案叫好,欣然改之。

时间转眼就过去80年了,让我难以理解的是:在那样一个天天子弹横飞,天天精疲力尽,天天身边死人的岁月里,这群赤贫的革命者竟然还有如此浪漫的情怀,如此理想的境界,内心拥有的自信该是多么强大。

甘肃

界石铺 → 静宁
寺子川 ← 榜罗 ← 通渭
武山 → 鸳鸯
山丹
滩歌 ← 镇龙
岷县
茨日娜　腊子口　哈达铺 → 理川 ← 问卉
迭部 → 代古寺

"愚公移山"最早是由蒋介石提出来的

（2014年10月4日）到达界石铺。从这里开始，真正进入陕甘宁交界的地区了。

毛泽东是10月3日到达界石铺的，并在这里住了两个晚上（原计划是想多住几个晚上，但到了10月5号的凌晨，毛的坐骑拼命刨蹄喷鼻嘶鸣，毛觉得不妙，遂率军于10月5日清晨翻山往宁夏西吉方向而去）。

在世界军事史上，蒋介石围绕着长征所展开的浩荡"长追"也应该载入史册。从某种意义上来说：红军长征的路线是由蒋介石给追出来的。

早在1933年10月蒋介石在给部将的信中，就第一次提出要用"愚公移山"的精神一点一点地剿灭"共匪"。应该说他在军事策略上无所不用其极了。

围绕着红军25000里的长征，蒋介石几乎调动全中国境内所有的军事力量，这其中包括了粤军、湘军、桂军、黔军、滇军、川军、晋军、奉军、西北军以及马家军，甚至连老牌军阀留下的几支老底子部队也被派上了用场。如果把蒋介石当年所动用的军队人数人次相加，已达第一次世界大战欧洲各国兵力总和的两倍以上。军队调动袭动伴动流动机动的行军里程达到了48000多公里，相当于红军长征总里程的四倍以上！如果把蒋介石在整个围剿长征过程中所修筑的碉堡连接起来，在中国又可以修一道万里长城了。

动用了这么大规模的绞杀机器，但最后依然落于失败，问题还是出在了人身上：实际上，蒋介石一开始就把自己的嫡系部队像看家宝贝一样地护在手心里舍不得用。他当时所采取的策略是，用中央军硬是把红军压入各地方军阀的势力范围内，先让这些地方军和红军血拼，然后再由中央军上来接手踢下半场，并顺手也把这些地方势力一起解决掉。

地方军阀哪个是省油的灯？老蒋一石二鸟的机关算尽，地方军阀们却彼此心照不宣：只要你红军不进我的地盘儿，我就不跟红军死磕。于是乎，南天王陈济棠，桂系头目

我在界石铺遇见一位广东游人,他煞有介事地告诉我:"界石"就是指"蒋介石","界石铺"原意就是指"蒋介石扑街"的地方,毛住进界石铺,就开始转运了。听他说完,我实在忍俊不禁:先不论甘肃人能不能听懂广东人的"扑街",光"界石"和"介石"就差了十万八千里。

白崇禧暗中给红军让路,滇军黔军死不卖力,都是出于这样的心态。事实上,所有军阀都认定:红军只是过路,而跟在红军队伍后面等着吃肉的蒋家中央军才是真正要命的家伙。这样,48000公里的浩荡围剿实际上也是各地军阀跟老蒋斗智斗勇斗心眼儿的过程。

大战当前,人人自保,蒋介石从一开始就先输了一着儿!

须知:在中国办事儿,首先是要搞定人的问题。愚公移山故事里最突出的也是愚公呀!有一个很逗的对比是,就在老蒋撅着屁股疯狂修筑成千上万个碉堡时,毛泽东却说了一句意味深长的话:真正的铜墙铁壁是人民。

秋高叶黄,人生浩荡。

苍天流湟，情深路长。

天高云淡，望断南飞雁

（2014年10月8日）这几天在宁夏翻越六盘山，幸亏有国峰左向两个兄弟一直陪同，才算顺利完成，但现在回想起来，心有一愧，不能不说。

从10月5日开始，两个兄弟坚定跟我走上了隆德长征路。

第一天就走出去了34公里。这点儿路对于天天徒步的我来说，已是家常便饭，但对于天天以车代步的兄弟来说，却是一根嚼不烂的姜米条。

15公里山路之后，两人的面部肌肉就开始抽搐了，腿脚动作也双双变形。我看着心疼，劝他们实在不行就别硬撑了，但遭到他们的一致反对，就这样一瘸一拐地跟着死走。

八个半小时的蹒跚颠簸，眼看快到隆德县城了，国峰怯生生地嘟囔了一句：今晚能不能找一家有坐便马桶的旅社住啊？我嘴上答应着，但心里没过数儿，结果看到一家有三人间的旅社就毫不犹豫登记入住了。

这个"毫不犹豫"却给他俩带来了无尽的麻烦：两个人腿疼屁股疼得都已经无法下蹲，即使蹲下也难解手，解手之后如果不扶着墙壁就几乎站不起来……据说两人私下里把左力那个骂呀：王八老大，为了省俩破钱儿，真不把我们的臀部当屁股了！尤其是左向，偏偏又赶上肠胃不好，吃坏了肚子，这一夜好几次开门冲去厕所，每一次都痛不欲生地蹲上蹲下，那种难受无以言状……

更要命的是，我自己完全蒙在鼓里，直到在青石嘴村分手后，两个人才在微信里对我一通口诛笔伐……

我可爱的兄弟啊，哥一直以为你俩是闲得蛋疼呢。

今天是古巴英雄切·格瓦拉的忌日

（2014 年 10 月 9 日）经草庙到达孟塬乡，再往前走，又入甘肃，进镇原县地界了。

今天是古巴英雄切·格瓦拉的忌日，切·格瓦拉那张戴着贝雷帽的照片，无疑是 20 世纪最著名的人像之一。作为一个富有浪漫主义气息的革命者，切·格瓦拉甚至成了划分文艺青年、中产或者先锋知识分子的象征符号。据说，切·格瓦拉非常崇拜毛泽东，他读过西班牙文本的《毛泽东选集》，深受启发。格瓦拉一再说："毛泽东是游击战大师，我只是个小学生。"1959 年古巴革命胜利。翌年 12 月 1 日，代表古巴来中国访问的切·格瓦拉，见到了被他奉为导师的毛泽东，竟然像歌迷见到心仪已久的偶像一样，紧张得说不出话来。两人合影的照片上，孩子般兴奋又紧张的格瓦拉，给当时许多国人留下深刻的印象。

40 年来，切·格瓦拉的影子从来没有离开过这个世界。他浪漫诗意的生活，他的游击战，他的刚果革命和拉美革命，还有他那绝不可能重来一次的古巴革命，这一切，本身就像是一出完美而虚幻的戏剧：他以一种激进的，以卵击石般的浪漫主义革命者气质，成为红色世界最特立独行的自由冒险家，也是当代最伟大的乌托邦战士。

切·格瓦拉能如此被人们怀念，是因为人们内心里对美好精神最纯洁的追求从未泯灭，人们永远需要保留一些记忆来警醒自己，比如一段苦难而伟大的历史，或者是一个坚定、浪漫又辉映着理想主义荣光的偶像英雄。英雄活得激情浪漫，甚至连死都像是死在舞台上：1967 年 10 月 9 日凌晨，格瓦拉被玻利维亚政府军枪杀。据当年奉命行刑的陆军中士马里欧·特兰回忆：为避免击伤格瓦拉的头部以便割下送往陆军总部，他对格瓦拉已受创的腿部和下腹连开数枪，剧痛中的格瓦拉睁大了眼睛叫他像个男人不要发抖，并拉开衬衫指着胸部，要马里欧补上一枪……

在切·格瓦拉遗留下的照片中，那组死不瞑目又宛如耶稣受难的形象使得这位英雄的光环更加璀璨夺目。

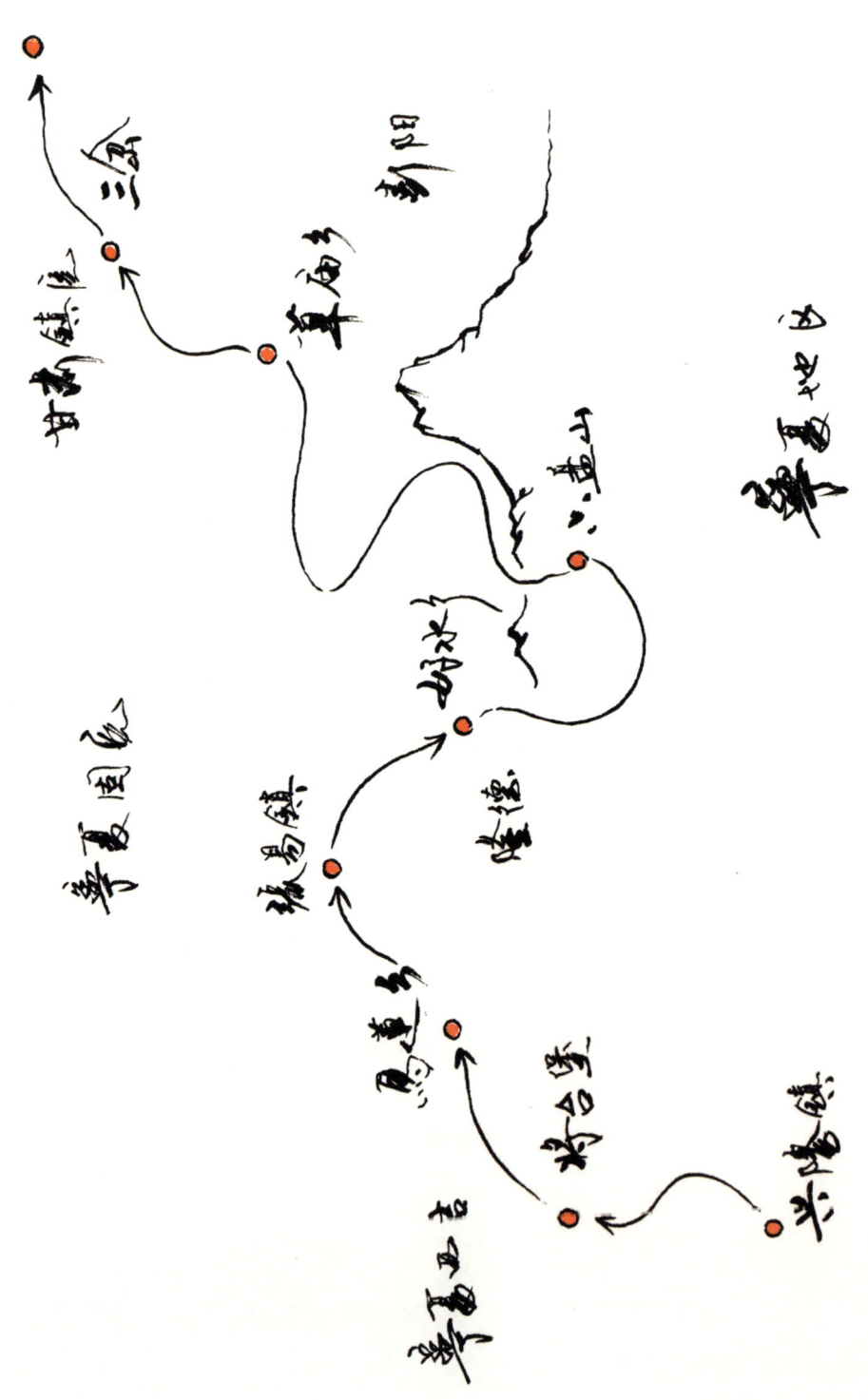

说来也怪,以前在城市里很多生活习惯格格不入,可放在荒野中就丝丝入扣:比如从小就喜欢喝冷水,喝了几十年,天天被人焦灼痛心地数落着,可走进荒原后,你会觉得天上之水予求予取;还比如,不吃早餐,食物简单,也明知这样不好,可一旦进入徒步状态,不规律的生活习惯却让你校准了天然的进食节奏;再比如,不爱换衣服,现在正合适,徒步负重的状态本来就要求你的装备越轻越好……总之,一旦把我放进荒野里,以前所有不对的东西现在全都对了。

三岔 10 日

(2014 年 10 月 10 日)进入甘肃镇原县境,到达三岔乡。当年红军路过三岔,在这里住了一个晚上,一查日子,竟然也是 10 月 10 日。在去毛泽东住过的三岔教堂的台阶上,赫然看到了水泥地刻写的"十月十日",好像是为我今天的到达做了一个小小的注脚。去年 10 月 10 日,从江西瑞金出发,到今天(10 月 10 日),我一个人的长征之旅刚好整整一年。

徒步长征路,是在向山水化缘。一草一木所能给你的领悟全在一呼一吸之间。

徐海东的5000块钱

（2014年10月11日）雨雪交加，到达甘肃环县演武乡。据说演武乡是当年穆桂英排兵布阵的地方，最近这一段路，尽跟穆桂英摽上了：从宁夏西吉县的将台堡到昨天的三岔乡，都是穆女子驰骋过的地方。

据说当年毛泽东在三岔因为接到了陕北军团徐海东和程子华派向导送来的亲笔信，欣喜若狂，兴奋地跟人争论起三岔到底是不是京剧《三岔口》发生故事的地方，后来无人跟他计较，他自己很没意思地嘟囔了一句"应该是这个地方了"。看来，从哈达铺一直到演武乡，毛泽东的心情非常好。

毛泽东为什么会那么兴奋？这里有个历史细节不能不交代一下：中央红军历尽千辛万苦朝奔陕北而来，就是因为陕北有自己的队伍——但这自己的队伍是打了折扣的：掌控着整个陕北战略要地的是红15军团，而红15军团的军团长是徐海东，这层关系再往下撸就有点棘手了，徐海东的起家部队是红25军，而红25军是属于红四方面军序列的，也就是说，徐海东是张国焘的老部下。中央红军到达陕北，徐海东是听张国焘的还是听毛泽东的，这在当时是很吃不准的一件事儿。

毛泽东心里也很打鼓。如果徐海东听张国焘的，那么中央红军在陕北的处境也将会非常困难。当时，毛泽东的心底里没有把握，他试探性地给徐海东写了一封信，说中央红军目前非常困难，可否向红15军团借一千块大洋。徐海东接信后，一刻都没有犹豫，马上回信说：不是借，是给！红15军团在极其困难的条件下毫不犹豫地拿出了五千块大洋送给中央红军，同时复信说：红15军团完全服从中央红军的领导，据说毛泽东读着复信竟然潸然泪下。

今天在演武乡邮政所，小伙子给我盖完邮戳后，硬是装了一袋苹果塞给我。

三天前，刚在六盘山邮局的小妹妹那里收获了一袋苹果。长征路上喜事多。

前一段时间,在将台堡附近的单家集市,巧遇了当地宗教领袖马德海的孙子马林祥,他也给我讲了一段毛泽东跟他爷爷换墨镜的故事。

酸溜溜的对诗造词

(2014年10月12日)今天晚上看朋友在微文上写了一首诗,很美,阴柔缭绕:

晨钟暮鼓,日走云迁。怕依窗、独对钩弦。

去也兰舟,远也红楼,怯深寒,罗袖轻裘。

反正我也没事儿,闲着无聊。权当兴之所至,和它一首:

夏橹秋棠,山鹫水涟。仗银枪,双合侠江。

风吹黄叶,雪映白头,叹云暖,雁荡晴空。

大英雄船翻小河沟

（2014年10月15日）从环县经洪德到达耿湾乡。

河连湾是个不起眼的小村庄，但在长征史上却发生了一件大事：当年红军到达这里，中央要求各部队遇到顽匪尽量绕道，避免纠缠，以减少不必要的牺牲。

然而，红军第一纵队在河连湾遭遇到了马鸿奎的一个营，在无路可走的情况下向守敌发起了攻击。

第一纵队的士兵大多是身经百战的红一军团老兵，战术动作也非常简单，三下五除二就搞定了马家军。但谁都没有想到，最不该牺牲的一个人却在这场战斗中牺牲了，他就是强渡乌江、飞夺泸定桥、智取腊子口的超级战斗英雄毛振华。

毛振华是被一颗流弹贯穿喉管窒息身亡的。据他身边的老兵回忆说：毛振华中弹后，仰面朝天，鼾声震天，血泡伴随着呼噜声滚滚而出……这种刺激，让很多老兵从此一辈子听不得别人睡觉打呼噜的声音。毛振华的牺牲，全军震惊，据说毛泽东还为此发了很大的脾气：这是长征之战的军神啊！大江大浪都闯过来了，却在这小阴沟里翻了船！各纵队司令都对英雄的殒落扼腕痛惜！

转眼间，毛振华牺牲已80年了，直到现在仍有很多超级军迷还在假设，假如毛振华不死，凭他的战功和作战资历，1955年授衔至少也应该是开国少将。

历史的奥妙，就在于它可以包含无尽的假设。

但历史的冷峻，也在于它永远把假设置于假设。

彩色的陕北啊，怎么一放入历史情怀，却是无尽的黑白。

三百红军战士猝死之谜

（2014年10月16日）从耿湾经罗庞塬到达张崾先镇，正式进入陕北的地界了，在张崾先附近，已能看到"吴起"的字样了。

从耿湾到罗庞塬这一段路，山岭连绵，沟壑纵横，但凡见到水渠水沟，我都躲得远远的，因为这里的地下水有剧毒。这一带地下石油储量极为丰富，地泉中泛出的水泡带有大量的氰化物，而地表水份中富含钾和钠：氰与钾最易融合成氰化钾，这是剧毒！人体只要摄入50微克氰化物即可造成中枢神经阻断，然后就在不知不觉中无声无息地死去。

80年前的红军就在这里吃了大亏。

当年的红军士兵，大部分都是南方人，不了解这里人烟稀少山大沟深的情况，往往翻越一座大山，找不到一户人家，饥渴难耐，一下到沟底，发现有流水，爬倒就猛喝一气，这就坏事儿了！

一入秦地,被当做商品出售的秦俑随处可见。

陕西曾是秦国的天下,秦人的兵马俑也曾傲视几千年。而今,整个民族都在日益肥大中丢失了坚挺的脊梁,我们真的强大了吗?

红一军团在耿湾宿营一夜，竟有 300 名战士中毒殒命！

这 300 名战士全都是冒着枪林弹雨，九死一生挺过了长征，可万没想到，眼看就要熬出头了，却把命丢在这穷山沟要命的苦水上。

300 名战士无故死亡的消息，一夜之间让全军震惊！后来的毛泽东每每谈起长征到达陕北的岁月，总忘不了这 300 名红军战士。当时还曾亲自部署让周恩来侦破此案，周恩来经过了长达 30 多年的追查，也没查清这起案件，直到"文化大革命"，抓了几名嫌疑人，给他们戴上了反革命的高帽子，这些人至死鸣冤。

300 名红军战士猝死的历史之迷，直到 1989 年才被解开。

这一年，宁夏军区给水团为了给山区百姓寻找水源，在耿湾一带找到了当年红军饮用过的那个泉眼，经过化验这才恍然大悟，从此解开了 300 名红军命案之迷。

坚定单一的目标，成就了一段幸福的旅程

（2014 年 10 月 17 日）到达陕北定边张崾先镇。

刚出发时，是对未知的怕：怕没经验，怕吃不消，怕走不到，怕遭遇不测；可是现在呢，随着终点一步一步地接近，又有另一种怕弥漫心头：怕结束，怕终点，怕到达后突然降临的不知所措和戚戚茫然。长征给了我三条命：

吃饱穿暖喝足，享受的只是性命。

琴棋书画游遍天下，享受的只是生命。

循着梦想追求理想，获得的是一生的使命。

天若有情天亦老，人间正道是沧桑

（2014年10月18日）到达陕北铁边镇，这是长征线路上最后一个小镇子，再走41公里，就是中央红军长征的终点站——吴起镇。

浩荡长征路，之于浩瀚天史中，不过是惊鸿一瞥。

时间很短，天涯很远，脚下的一山一水，一朝一夕，堪能安静地走完。

这世上任何一个地方，都可以生长；任何一个去处，都是归宿。

繁华尽头，寻一处无人山谷，建一座木制小屋，铺一弯青石小路。

晨钟暮鼓，安之若素。

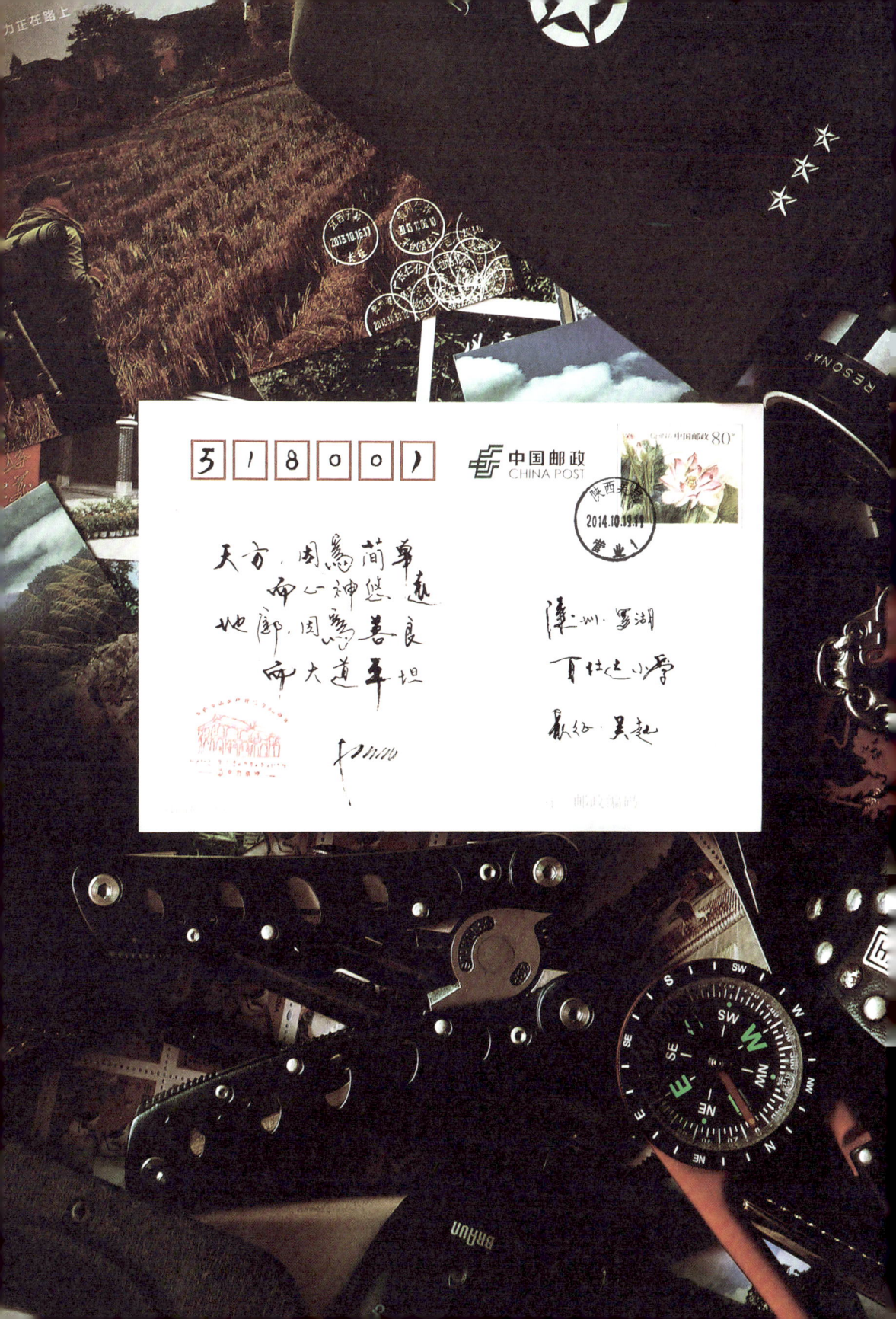

5 长征古战场秘境

长征古战场秘境之 1

由祁禄山乡一路向南,就离江西信丰的地界不远了:新田,古陂,坪石,大塘埠,一个个古战场扑面而来,当年红军出发没多久,长征中第一个阵亡的师长洪超就是倒在这片土地上。据说彭德怀在得知独臂大将洪超阵亡的消息后大为悲恸,因为在不到两个月的时间里,他接连失去了两员大将。

江西信丰

长征古战场秘境之 2

红军从江西信丰大塘埠渡过桃江,向西南就进入了广东南雄的地界,从这里开始是广东军阀陈济棠的天下。尽管史料揭秘陈济棠曾经和红军私下签订"君子协议",但并不排除旧军阀趁火打劫的既得利益心态。因此,红军在出江西入广东的路途中,也免不了打了几场硬仗恶仗。

广东乐昌

长征古战场秘境之 3

这里是著名的"湘江血战"古战场,中央红军在这里遭受了湘军和桂军的灭顶打击,部队由出发时的八万六千人锐减到三万人,近四万名士兵浮尸江面。当地百姓曾经传唱过这样的歌谣:三年不喝湘江水,十年不吃湘江鱼。

广西兴安

广西龙胜

长征古战场秘境之 4

红军经过湘江血战之后,翻越了巍峨的老山界和猫儿山,流散至此,重新收拾残部,并面临重大方向的选择。在红军高层内部,强烈要求换帅。毛泽东也正是从这个时刻开始,被历史选择,一步一步地走向了前台。

湖南通道

长征古战场秘境之 5

这是个很神秘的地方,连空气中都弥漫着异样的色彩。80年前的中央红军在这里获得了两天宝贵的时间,就是这两天,毛泽东的军事意见第一次得到了中革军委的认真讨论,并使得长征的线路发生重大转向。"通道转兵"成为长征史上最为重要的历史事件之一,之后红军行进的表针开始渐渐按照毛泽东的节奏进行了调整。

贵州黎平

长征古战场秘境之 6

中央红军在湖南通道转兵之后,突然改向进入贵州,并旋风般地拿下了贵州黎平。这对于奄奄一息的红军将士来说,不啻是一剂强心针,不仅在战略地位上获得了一个暂时的相对优势,更重要的是红军高级将领从毛泽东的战略意见中找回了一点自信和方向感。黎平会议打开了长征迷关中的第一道锁,并且为接下来的猴场会议和遵义会议做好了铺垫。

长征古战场秘境之 7

这是一片美得让人目瞪口呆的景致所在：但80年前的红军无心观赏半片风光：因为，整个中央红军的生死之战从这里刚刚拉开了序幕，所有关于长征中"绝地反击"和"向死而生"的关键词，都是从这里开始拼写的。

贵州剑河

长征古战场秘境之 8

这是一个不太出名的小镇，也可能就是因为它不出名，才使优雅静谧的自然风光得以受到良好的保护。相比镇远，丽江阳朔的风景风情都显得弱爆了。80年前，中央红军的红九军团曾在这里得到了几天的喘息机会，而整个红军大部队也在贵州进展顺利。由此，毛泽东的战略远见也更加得到了局部验证。

贵州镇远

长征古战场秘境之 9

乌江是一条界河，李德因为湘江的惨败而害怕乌江，毛泽东却因为湘江的惨败而看好乌江。这两人一个只是单纯的战术伎俩，另一个则是参透了社会阶层分析的战略智慧。这种格局的划分让人不能不延伸到15年后的志愿军入朝作战上，任何一种单兵计算能量都不能算成一个简单的加减乘除，而是跟现实现地的综合环境、社会分析、政治辐射、兵锋趋向、士气斗志紧密结合。明知不可为而为之，明知不可胜而胜之，这在毛泽东的军事思维和行动中已是常态。

贵州乌江

贵州遵义

长征古战场秘境之 10

遵义的存在为后人赋予了两个层面的思考阈值：80 年前的中央红军如果没有经历长征前半阶段无比惨烈的一路奔逃，是不会坐在这里进行刻骨铭心的战略总结的；八十年前的中央红军如果没有撞到和共产国际失去联系的天赐良机，也不可能在最关键的节点上找到换帅的可能。一切看似偶然，内在透射着必然，遵义之所以能够实现历史的转折，恰是因为那一代人在超乎寻常的决心中，投入了巨大的牺牲才换得的一线生机。

贵州娄山关

长征古战场秘境之 11

娄山关位于遵义以北，是当年红军想要打开四川通途的绝对要地。无论敌我都在这里投入了殊死的决心和最强悍的力量。站在关隘的顶端，就可以看清一线到达重庆的生死小道。一夫当关，万夫莫开。80 年前的黔军将领和中央军嫡系都在这里领略了一头"困兽"发飙的狰狞面目。彭德怀在这里失去了几员爱将，钟赤兵在这里被打碎了小腿，但谁都挡不住红军回杀遵义的渴望。毛泽东则更是在这天地大难之中看到了磅礴的生机。西风烈，长空雁叫霜晨月。

贵州丙安

长征古战场秘境之 12

这里是从贵州进入四川的一条重要通道，当年由林彪率领的红一军团一路过关打到这里，并占据了丙安最有利的战略位置。但谁都没有想到后面的中央纵队却被川军悍将郭勋祺死死地钳在土城，万般无奈，林彪只能忍痛放弃丙安，连夜狂奔 120 里，回援中央纵队。从此，丙安也成了红一军团战士的瞬间记忆。

长征古战场秘境之 13

贵州土城，因为紧邻着赤水河而商业繁华，明末清初，这里曾经是盐运官道的重要枢纽。但在红军长征的历史中，这里却是每一个参加过战斗人员的灰色记忆。土城战役是红军的一个败仗，但恰是因为这场败仗，反倒成就了后面震惊世界军史的"四渡赤水"。

贵州土城

长征古战场秘境之 14

这是一个充满了戏剧色彩的地方：在苟坝这个地方，毛泽东跟他的同事们发生了巨大的分歧。80年前苟坝的夜晚，毛泽东踩着泥泞的山路，步行了三公里，去向周恩来做了一个通宵的说服工作，这三公里，对今人而言，是一条坑坑洼洼的泥泞小路。而对于80年前的红军来说：却是一条起死回生的"生门"之路，因为就是从这里开始，"四渡赤水"才写出了鲜活的一笔。

贵州苟坝

长征古战场秘境之 15

中央红军演绎完了"四渡赤水"之后，破天荒第一次解除了"被包围"的困局。对于1935年的中央红军而言，柯渡就是红军梦想渡过长江新的契机：因为走到这里，红军已经成功地把薛岳大军甩开了九天的路程，为从容渡过金沙江提供了时间的保障，这不能不让刘伯承、叶剑英、聂荣臻等红军高级将领对毛泽东的战略意识心悦诚服。

云南柯渡

云南皎平渡

长征古战场秘境之16

红军在云南千回百转的大山深处兜兜转转，终于在皎平渡这个地方从容渡过了金沙江。其实红军当年做梦都想过长江进入四川，但是当这个梦想变成一个沉重的包袱时，所有的战略动作都在变形。毛泽东在最关键的当口放下了这个包袱，用他自己的话来说："有些事你非要办却偏偏办不成，这个时候，你退后几步，可能各种机缘发生变化了，过去很难办的事也就一下变得很容易了。"

四川冕宁

长征古战场秘境之17

这个绿汪汪的水池子是四川冕宁县漫水湾的一处小景，当地人传说刘伯承曾经在这里洗过脚。自从红军进入四川以来，刘伯承这位川军的军神就开始担当中央红军的开路先锋了。而刘伯承也确实不辱使命，绕西昌，过泸沽，智联彝人小叶丹。一路过关斩将，写下了红军长征史上几个经典的战例。

四川会理

长征古战场秘境之18

会理，在长征史上充满了玄机。此时的毛泽东已然不是江西瑞金时期的毛泽东了，他抓住了最合适的时机让全军上下对遵义会议以来贵州阶段的战役指挥有了一个明确的肯定，进一步确立了他的军事威望。为后面更为严峻的党内斗争做好了准备，因为后面还有两个重量级的人物即将分别出场：张国焘和王明。

长征古战场秘境之 19

长征路上，经过了两个跟"安顺"沾边儿的地名：一个在贵州，另一个在四川。而长征史上，最出名的是四川的安顺场，这个依傍着大渡河而修建的小镇不仅因为红军飞夺泸定桥的起点而出名，还因为曾经困死了太平天国的石达开而出名。大渡河因为有了一个先锋水电站而不再咆哮奔腾，但是，它却因为长征的历史而永远留下了一个咆哮的身影。

四川安顺场

长征古战场秘境之 20

毫无疑问，这座连通了川康经济和文化交流的小桥，注定要流芳百世。80年前的红军在这里做出了一个拼死的姿态：因为从安顺场一路奔袭过来已经毫无退路的红军将士太明白这座桥的战略意义了。而相比之下，川军刘文辉倒未必把截杀红军的意义看得有多么重要，因为从康熙时代开始，这座桥就维系着历代官宦人家的柴米油盐，这叫切身利益。蒋介石的大格局和地方军阀的小格局在利益面前已经严重失衡。于是乎，当杀红了眼且不要命的红军将士一头撞到这里时，谁敢阻拦？谁又能拦得住？

四川泸定

长征古战场秘境之 21

天全，恰如其名，天天全全。当年曾有两大股红军部队在这里得到休整：中央红军和红四方面军。天全是中央红军翻过二郎山后遇到的第一座县城，80年前这里丰饶的物产和好客的人群都给中央红军留下了深刻的印象。开国大将陈赓甚至觉得天全给他留下了天堂般的回忆。而对于张国焘的红四方面军来说，就不是那么美好了，红四方面军从川北一路攻城略地打下来，到天全时，已是强弩之末了。天全也是张国焘部队最艰难的开始。

四川天全

四川宝兴

长征古战场秘境之22

宝兴并不出名,但宝兴县有个夹金山,那就名垂千古了。这夹金山就是红军翻越的第一座大雪山。夹金山的垭口最高海拔4114米,当年红军上千名体力透支的士兵就活活累死冻死在这个巨大的山坡前。80年过去了,夹金山已随着地球变暖完全换了一副面孔。尽管如此,站在夹金山的主峰,依然能够想象出当年三军过后的巍峨气息。

四川卓克基

长征古战场秘境之23

卓克基最出名的是有一个官寨,跟长征有关的故事中,最逗比的故事是:红军攻打卓克基官寨"文攻"不下,只好调部队"武攻",结果打了三颗信号弹上天,就把官寨里的僧兵吓坏了,他们以为是天兵下凡,于是卓克基官寨不攻自破,官寨的主人索观瀛也跑得不知去向,后来整个中央红军的机关就在这里驻扎了几天。据说毛泽东还在索观瀛的书房里看到了线装的《三国演义》,这让他对这个藏人领袖产生了异乎寻常的好感,也为他们几十年后结下的友情打下了基础。

四川瓦切

长征古战场秘境之24

80年前的中央红军,在穿过了马尔康之后便直接面对着川北大草原,瓦切曾经是红军经过的最艰难的大沼泽之一,红军在这一带大多是因为体力极度透支,再加上天寒地冻,饥渴难耐,死亡率极高。后续部队大部分战士是靠前沿部队散落的尸体来确认前进的方向。

长征古战场秘境之 25

若尔盖的草原面积很大,这张照片摄于唐克附近。80 年前,红一方面军和红四方面军纠结拉锯,北上南下的意见相持不下,莫衷一是,接下来毛泽东在张国焘"彻底展开革命的斗争"之前一路北上,逃过了他人生中最黑暗的一劫。而张国焘却最终没有躲过他自己选择的命运之劫,兵败百丈关,最后在经历了一番又一番的精神洗劫之后,成了中国共产党中最显眼的叛变者。

四川若尔盖

长征古战场秘境之 26

中央红军在经历了雪山草地生死关后,进入甘肃迭部地界。甘南和川北的风光很像,但地方军阀却风格迥异:用很多老红军的回忆录讲话:西北军表面凶悍,耐力不够,总是在最关键的时候掉链子。最经典的一战就发生在腊子口。对于红军来说:腊子口战役堪称是长征系列战役中难度系数最高的一级战役考核,考核的结果是:满分。

甘肃腊子口

长征古战场秘境之 27

这里是红军长征路上的加油站。

当年饥寒交迫的红军来到了回汉藏人杂居的这个小镇,突然遇到了食物的天堂:这里丰盛的面食和肉类成为所有红军战士回忆中最丰美的一部分。当然红军在这里,最大的收获是精神食粮的获得:毛泽东就是在这个小镇里的邮局报刊里,发现了陕北有红军,陕北有根据地的信息,从此红军漫漫长征路才第一次有了一个明确的方向。

甘肃哈达铺

甘肃静宁

长征古战场秘境之 28

红军到达这里，主要面对的是马步芳和张学良，另外还有一些散碎的地方民团组织。从战略意义上说，基本上没有遭到重创。陕甘宁交界地区，山大沟深，地理环境异常复杂。为红军最后进入陕北提供了天然的屏障，也为后来的直罗镇战役提供了宝贵的战术准备和战役缓冲。另外，静宁带给红军的最大财富，是中央红军在这里跟陕北红军取得了联系，漂泊很久的流浪儿就像看到了家门一样喜出望外。

宁夏隆德

长征古战场秘境之 29

巍峨的六盘山主峰就伫立在宁夏的隆德境内，在这里，红军几乎没有遭到像样的抵抗，耿湾乡是个偏僻的小乡镇，居民大多以回族为主。中央红军在这里跟马家军发生过一些小规模的战斗，损失不大。但一年后马家军在对红军西路军的绞杀异常凶狠，最为惨烈的是西路军妇女独立团，几乎全团女兵被马家军残杀蹂躏。

陕北吴起镇

长征古战场秘境之 30

这是一个典型的西北黄土小城，红军在这里打了著名的切尾巴战役。在这场战役中传出了两段经典故事：据说战斗开始前，毛泽东钻到胜利山顶的一棵小树下，对警卫说：枪炮声最激烈时，不要叫醒我，等枪炮声稀疏了，再叫醒我，那时我们该下山清理战利品了。后来的战事果然如他所料。另一段故事则是传闻：有关毛泽东写彭德怀的"谁敢横刀立马，唯我彭大将军"就是出自这场战役（另有一说是来源于直罗镇战役）。

| 一个人的长征 |

每一个地名承载了一段故事

每一个故事穿越了一段历史

ONE MAN'S LONG MARCH